Stiefmütterchen und Veilchen

Marion Nickig/Elke von Radziewsky

Edition Ellert & Richter

Inhalt

Liebesfutter und Anstandspflanze oder: was das Veilchen in der Mythologie und Kunst bedeuten will

Eine Zwergin im Fabelreich der Flora, zurückhaltend, aber verführerisch duftend: so trat das Veilchen seinen langen Siegeszug durch die Menschenwelt an. Schon die alten Athener wählten es sich zum Symbol ihrer Stadt, den Mohammedanern war es Gleichnis für die Vollkommenheit ihrer Religion, mittelalterliche Troubadoure errangen ein Veilchen als Preis in dichterischen Wettkämpfen, und englische Auswanderer nahmen es mit als letztes Souvenir aus der Heimat. Erst in unserem Jahrhundert hat das Veilchen seine Magie verloren. Es scheint, als fehle ihm zur Anerkennung, mehr als anderen Blumen, ein spezieller poetischer Nährstoff, ein feinsinniger Dünger. Dabei hatte es sich angepaßt, verausgabt, mit seinen Talenten gewuchert, Heiden und Christen, Poeten und Abenteurer umgarnt.

Erste, noch bescheidene Erfolge feierte das Veilchen als Statist in einer der Affären des Zeus. Heftig in Io verliebt, verwandelte der von einer mißtrauischen Gattin verfolgte Göttervater das Mädchen in eine weiße Kuh. Zur Beschönigung der Gewalttat, als duftendes Lager und als Liebesmahl für die Angebetete ließ er unter ihren Hufen einen Teppich aus Blüten sprießen, die „erblaßten, erröteten und erblauten". Das war *Viola tricolor*, die Urahnin des Stiefmütterchens. Wie so oft steckt in dieser mythologischen Mär eine praktische Wahrheit. Denn Rindviecher fressen, anders als Schafe und Ziegen, Ackerveilchen gern.

Zwei dunkle Blätter, drei helle Blätter: eine kleine Blüte, die aussieht wie ein Gesicht. Stiefmütterchen oder Veilchen begleiten den Menschen seit frühen Zeiten. Hier mit Erdbeeren, Kornblumen, Akelei und Klee in dem Gitterwerk, das eine höfische Bogenschießszene einrahmt. „Tir à l'arc", Jacques de Lessoles, Jeu des échecs moralisés, Lorraine, um 1480. Département des Manuscrits Français 2000.

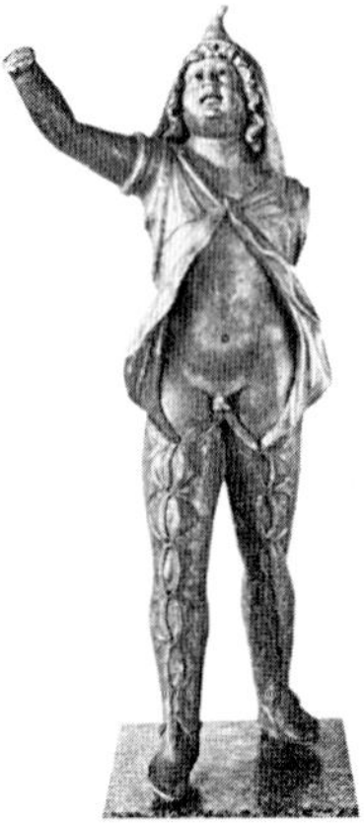

Schreitender Knabe mit phrygischer Mütze, 2. Jahrhundert. Rheinisches Landesmuseum, Trier.

Ebenfalls Liebeshändel, doch von abgründigerer Art, sind das Motiv eines Veilchenmythos, den uns Arnobius erzählt. Er berichtet von Attis, einem vollendet schönen Jüngling. Sein eigener Vater Acdestis verliebte sich unsterblich in ihn. Ebenso Kybele, die Fruchtbarkeitsgöttin, Naturmutter und Magna Mater in Phrygien. Midas, der König dieses kleinasiatischen Landes, wollte den so vielfach begehrten Attis mit seiner Tochter Ia vermählen. Zum Schutz des jungen Paares errichtete er hohe Stadtmauern. Die eifersüchtige Kybele riß sie nieder. Unterdessen nutzte Acdestis das Menschengewirr beim Hochzeitsbankett, um einen Aufruhr anzuzetteln. Dem in Panik fliehenden Jüngling folgte er tief in den Wald. Dort, aufs äußerste bedrängt, entmannte sich Attis, schleuderte dem rasenden Acdestis seine Genitalien ins Gesicht und brach verblutend unter einer Kiefer zusammen. Ia fand den Leblosen und tötete sich selbst. Aus ihrem vermischten Blut wuchs das purpurrote Veilchen hervor. Und wieder hat die Sage einen realen Kern. Die phrygische Mütze, mit der antike Bildhauer Attis darstellten, ähnelt mit ihrem nach hinten ausladenden Zipfel (Sporn) dem Veilchen.

In den zahlreichen anderen Veilchenlegenden geht es weniger finster zu als in dieser Geschichte von Attis. Nicander von Colophon zum Beispiel notierte die Anekdote von Ion, der den „ionischen Nymphen“ ein Veilchen reichte, nachdem sie ihm ihre Jungfräulichkeit geschenkt hatten. Nach anderen Überlieferungen gewann Vulkan, der Feuergott, erst mit Veilchen bekränzt die lange vergeblich begehrte Venus. Und Aphrodite, Amors Gefährtin, schmückte sich zum Ausweis ihrer Zunft mit Veilchen.

So keusch, wie das Veilchen in späteren Zeiten tut, war es den antiken Überlieferungen zufolge also nicht. Erst die christlichen Sittenwächter machten seinem lockeren Treiben ein Ende. In den ersten Jahrhunderten ihres Siegeszuges verbannten sie nicht nur das Veilchen, sondern alle Blumen aus ihrem Kult – als fürchteten sie deren heidnische Sinnlichkeit. Vor ihren Augen verödeten die Gärten der Antike, in denen neben Narzissen, Lilien, Anemonen, Rauten und Salbeipflanzen immer auch die schwarzen, roten und dreifarbigen Veilchen wuchsen.

Langsam erst, im zwölften Jahrhundert etwa, kehrten die Blumen aus der Verbannung zurück und eroberten sich ihren Platz in der christlichen Symbolik. In vorderster Reihe mit dabei war das Veilchen, von der „Priapusblume“, wie es in Italien eine Zeit lang nach dem gleichnamigen Fruchtbarkeitsgott genannt wurde, zum „Marienstengel“ geläutert. Ein demütiges Wesen, das sich ganz in den Dienst der christlichen Gottesmutter begab. Als dicker Teppich unter ihren Füßen wachsend, in kleinen Gläsern dicht neben sie gerückt oder einzeln neben ihr aus dem Boden sprießend (*Viola odorata* und *Viola tricolor* glei-

chermaßen), leistete es der Madonna in zahllosen Bildern treu Gesellschaft. Standfest hockte es da wie eine stumme Ermahnung oder wie ein Ehrenzeichen seiner Ergebenheit. Mitunter ließ es sich in der dicken Faust des Christuskindes drücken, wohnte einer Verkündigung bei oder empfing die Heiligen Drei Könige in Bethlehem – huldvoll und bescheiden, eine kleine Blume, die schon mehr gesehen hat als lauter fromme Gesichter.
„Herba trinitatis" (das Ackerstiefmütterchen) bot den Bibelexegeten und Bildermalern jener Tage alle Tugenden eines wirksamen katholischen Symbols, weil es verstand, transzendenten Glanz mit volkstümlichem Charme zu verbinden. Blau, weiß und purpur blühte es für sie in den Farben der heiligen Maria. Und wie das irdische Abbild der Dreifaltigkeit blitzte ihnen sein dreieckiges, mitunter von einem Strahlenkranz umgebenes Auge entgegen. Sie nannten es „Christusauge", „Herrgottsblümli" oder „Pfaffenschnalle".
Botschafterin des Heiligen Geistes, Mitglied im Team christlich getaufter Blumen: vielleicht war es dieser vornehme Beruf, der die Neugier der größten Renaissancekünstler am Veilchen weckte. Leonardo da Vinci (1452–1519) zeichnete neben Wolkenstudien, Flugmaschinen und geometrischen Vermessungen ein Veilchen (1487–89). Blüten, Blätter und Stengel setzte er so naturgetreu aufs Papier, als wolle er dem Pflänzchen ins Innerste schauen. Albrecht Dürer (1471–1528) dagegen, ebenso

Blumen im Dienst der heiligen Frau: Veilchenblätter bilden einen dicken Teppich zu ihren Füßen, Erdbeeren das Polster auf der Rasenbank und Rosen die Rückwand. Vorn Maiglöckchen und Märzbecher. „Maria mit dem Jesuskind in den Erdbeeren", Meister des Paradiesgärtleins, um 1425. Kunstmuseum Solothurn, Schweiz.

„Veilchenstrauß“, Albrecht Dürer, 1502. Wien, Graphische Sammlung Albertina.

experimentierfreudig, ein Humanist und Realist, malte ein Veilchenbukett (1502), das einem zärtlichen Präsent gleicht. Ein dicker Blütentuff in einem grünen Kragen aus herzförmigen Blättern: Das kleine Stilleben genügte sich ganz selbst, kein symbolischer Hinweis, kein wissenschaftlicher Ehrgeiz verlieh ihm Bedeutung. In der Kunst jener Zeit gab es nichts Vergleichbares.

Denn noch hatten Blumen Aufgaben. Als Marienblume und seltener auch Christusblume schmückte das Veilchen illuminierte Gebets- und Stundenbücher des 14. und 15. Jahrhunderts. In den Randleisten tummelte es sich mit Rosen, Nelken oder Akelei, mit Iris, Erdbeeren oder Mohn. Doch während sich die anderen ablösten in ihrem Gottesdienst, war das Veilchen mit seinem sprechenden Gesicht fast immer zur Stelle und mahnte Demut an.

Waren die Andachtsstunden vorbei, wechselte das Veilchen vom Gebetsstuhl in die Vorratskammer und tat Dienst als Arzneikraut. Schon der Grieche Dioskurides, Arzt und Verfasser einer Arzneimittellehre im 1. Jahrhundert n. Chr., kurierte mit Veilchen einen „brennenden Magen und Augenentzündungen“. Hildegard von Bingen (1098–1179) verschrieb *Viola odorata* bei „Verdunkelung der Augen“, bei „Melancholie und Verdruß“ und „Kopfweh“.

Für Bauern in Franken zeigten Veilchen, die noch am 8. Juni blühten, eine schlechte Ernte an, denn Korn und Gerste würden Brand

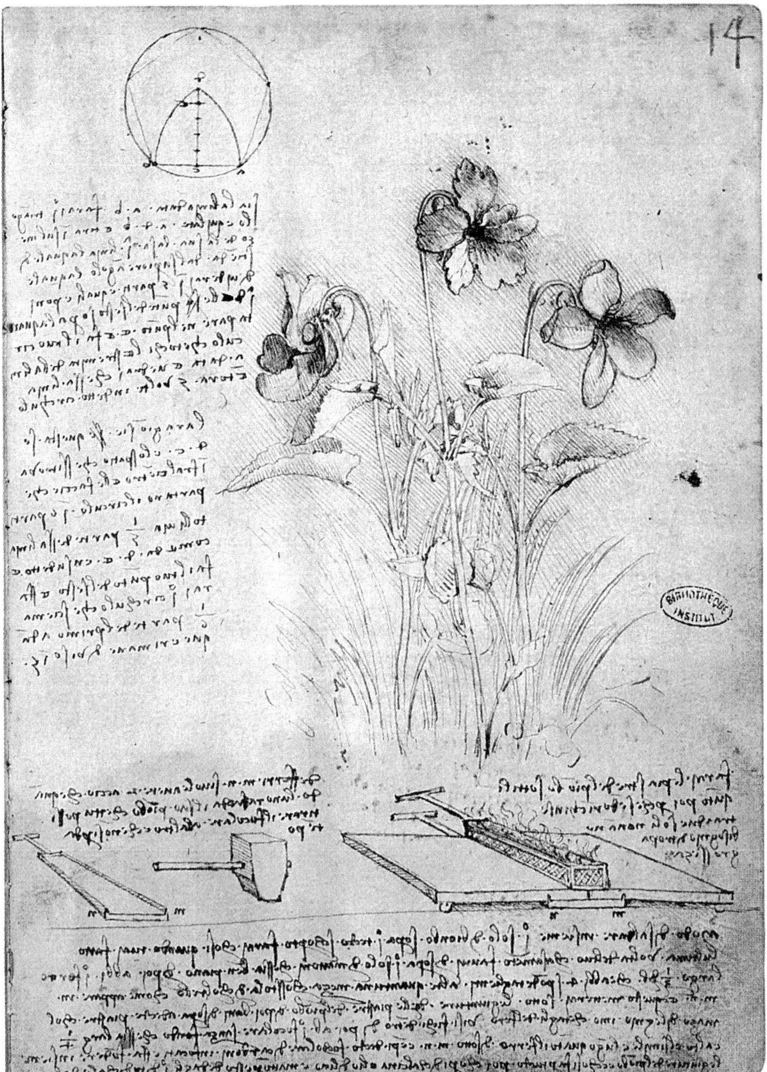

Vom Auge des Naturforschers analysiert: „Veilchen“, Leonardo da Vinci, 1487–89. Paris, Bibliothèque de l’Institut de France.

Rechte Seite Dokument einer frühen Sammlung von Stiefmütterchen und gefüllten Duftveilchen: „Tag- und Nacht-Blümlein" aus dem Garten des Nürnberger Stadtarztes Joachim Camerarius II., Florilegium, 1590. Erlangen, Universitätsbibliothek.

bekommen und schlecht ausfallen. Als Wunderblume wies es in Märchen und Sagen den Weg zu verborgenen Schätzen oder entpuppte sich als verwandelte Jungfrau.

Ob in Kapelle, Küche und Krankenzimmer – stets war das geschäftige Veilchen zugegen, eine Universalistin und damit von ganz anderem Wesen als seine stärkste Konkurrentin im Wettstreit um die Gunst der Menschen: die Rose.

Eine Rose ist eine Rose und war immer eine Rose. Selbstbewußt verzichtet diese Blumen-Dame auf Kose- und Spitznamen. Das Veilchen hingegen schmeichelte sich ein. Es gibt wohl kein Pflänzchen, das sich vom Volksmund mehr Titel verleihen ließ als dieses Geschöpf: Freisamkraut, Grindkraut, Tag- und Nachtblümlein, Fratzengesicht, Samtblume, Gartenböcklein, Mädchenauge oder Menschengesicht sind nur einige Beispiele. Ebenso wichtig war es den ersten Botanikern: Zwölf verschiedenfarbige Veilchen verzeichnet das „Florilegium" (1590) des Nürnberger Arztes Joachim Camerarius II. Drei von ihnen haben gefüllte Blüten. Und der prächtige „Hortus Eystettensis" (1613), der die Pflanzensammlung des Johann Conrad von Gemmingen auf der Willibaldsburg in Eichstätt dokumentiert, trumpft neben manchem anderen mit einem gefüllten purpurfarbenen Märzveilchen *Viola martia multiplici flore* auf.

Für diese frühen Gelehrten waren die Zusammenhänge zwischen Geistes- und Naturwis-

Tag- und Nacht Blümlein.
iolæ, omnium mensium:
Trinitatis.
Jacea.
Freÿsamkraut.
Dreÿfaltigkeit blum.

Blüten für die fromme Andacht: ein Wiesenblumenstrauß mit Stiefmütterchen, Ehrenpreis und Akelei im „Stundenbuch nach römischem Gebrauch“, Meister Claude de France, um 1510–1515. Paris, Bibliothèque de l’Arsenal.

Maskottchen der Muttergottes: Die Veilchen, zu Füßen der heiligen Maria gestreut, erzählen von ihrer Demut und Bescheidenheit. Ausschnitt aus „Anbetung der Hirten“, Mitteltafel des Triptychons vom Portinari-Altar (siehe auch linke Seite), Hugo van Goes, 1475/76. Florenz, Uffizien.

senschaft noch deutlich. Eine genaue Beobachtung der „kleinen Natur“ diente für sie immer zugleich dem Lobpreis des „höchsten Künstlers“. In diesem Sinne zeichnete Joris Hoefnagel (1542–1600) als einer der ersten mit wissenschaftlicher Präzision Insekten, Käfer, Feld- und Wiesenblumen. Sein Sohn Jacob Hoefnagel (1575– um 1630) stellte nach seinen Vorlagen des Vaters die berühmten „Archetypa“ zusammen, ein christliches Emblembuch, das zur Vorlage für viele spätere Künstler wurde. In ihm finden wir auf einem Blatt eine Vase mit Blumen. Veilchen sind dabei. Sie sitzen vorn auf dem Vasenrand, ganz so als hielten sie wie eine Schleife das ganze Sträußchen zusammen. Und es ist, als hätte Hoefnagel dem Kräutlein damit für Jahrzehnte seinen festen Platz in der Blumenmalerei zugewiesen. Ob ein Bukett so klein wie das von Jacob Hoefnagel war oder so prächtig wie Jan Brueghels d. Ä. „Großer Wiener Blumenstrauß“ aus über hundert Blumen: stets findet sich ganz unten, immer ungefähr in der Mitte, ein Veilchen. Während sich oben Rose, Iris, Kaiserkrone und Päonie um den besten Platz streiten, behauptet es sich tapfer an der Basis. Eine kleine Feldblume, die auf ihren Schultern das ganze Reich der Flora trägt.
Hin und wieder hat sie sich selbständig gemacht. Liegt vor der Vase. Eine kecke Einzelgängerin, ein Symbol für Frühling, Hoffnung und die Heilsbotschaft. Doch je mehr sich zur Mitte des 17. Jahrhunderts hin die Blumenma-

Blümchen mit Prinzipien: Schon in den frühesten Blumenstilleben bezog das Veilchen seinen festen Platz vorn, in der Mitte, am Rand der Vase. Hier zusammen mit Nelken, Levkojen und Märzenbecher im Strauß, alle in Knospe und Blüte. „Eine einzige Schwalbe macht noch keinen Frühling“, Jacob Hoefnagel, Archetypa, 1592.

Folgende Doppelseite
Kunstkammer-Prunkstück: ein aus Einzelstudien zusammengesetztes Blütenkaleidoskop. Etwa 130 Blumen lassen sich identifizieren, ganz vorn das Veilchen. „Großer Blumenstrauß in einem Holzgefäß“ oder sogenannter „Wiener Kaiserkronenstrauß“, Jan Brueghel d. Ä., 1606– 1607. Wien, Kunsthistorisches Museum (Seite 18).

Symbolschrift: Jede Blume, jedes Tier trägt eine Botschaft. Die Maus versinnbildlicht Unreinheit und Laster, das Stiefmütterchen die Leiden Christi. „Liechtensteiner Strauß“, Roelant Savery, 1612. Vaduz, Sammlung des Fürsten von Liechtenstein (Seite 19).

Liebesfutter und Anstandspflanze oder: was das Veilchen in der Mythologie und Kunst bedeuten will

Rechte Seite
Blumen für eine Angebetete: „Les Pensées", gemalt von Nicolas Robert. La Guirlande de Julie, erste Hälfte 17. Jh. Paris, Bibliothèque nationale.

lerei als eigenständiges Genre herausbildete, je mehr sich die Maler von der christlichen Ikonographie lösten, desto öfter vergaßen sie das Veilchen in ihren bunten Sträußen. Es zog sich zurück, allerdings nicht um zu resignieren, sondern um Kraft zu sammeln für die nächste gefühlsverzehrende Aufgabe.

Denn plötzlich war die Zeit der Enthaltsamkeit wieder vorbei, und das Veilchen schlüpfte zurück in seine alte mythologische Rolle als Liebesbotin. Seine sentimentale Karriere begann in einem der schönsten aller Blumenbücher. Für die älteste Tochter der Marquise von Rambouillet (die in der ersten Hälfte des 17. Jahrhunderts in Paris einen legendären Salon führte) hatte der galante Duc de Montausier von Nicolas Robert 29 Blumen malen lassen, hatte 29 Blumengedichte gesammelt und von dem großen Kalligraphen Nicolas Jarry auf Pergament setzen lassen. In der so entstandenen „Guirlande de Julie" gehören Veilchen und Stiefmütterchen zu den artigsten Überbringerinnen poetischer Honneurs:

„Frei von Ehrgeiz, verberge ich mich unter dem Laub,
Bescheiden in meiner Farbe, bescheiden in meinem Dasein
Aber, wenn ich mich eines Tages auf deiner Stirn sehen kann,
Dann wird das bescheidenste Blümchen das prächtigste sein."
(M. des Marestz, „La Violette")

Starke Charaktere verliebten sich in die zierliche Schönheit. Rousseau gehörte dazu. Auch Goethe, der, typisch männlich, das Veilchen nicht nur besang und bedichtete, sondern außerdem im Laboratorium traktierte. Er unterzog es galvanischen Versuchen und analysierte es in der Farbenlehre.

Eine andere romantische Seite des Veilchens becircte Napoleon. Seine Lebensliebe Josephine trug Veilchen am Gewand, als er sie das erste Mal sah. Das violette Blümchen wurde für den kleinen großen Kaiser zum Siegel seiner Treue. Ganz gleich, wie weit seine Heereszüge ihn von der Heimat wegführten, am Hochzeitstag erhielt Josephine einen Veilchenstrauß von ihm. Auf Elba verbannt, prophezeite Napoleon seine triumphierende Rückkehr für die Zeit der Veilchen.

Doch hierin mißverstand der Imperator sein Maskottchen gründlich. Herrscherliches Auftrumpfen war nie Sache des patriotischen Kräutleins. Darin war ihm die feudale Lilie überlegen, und Napoleon verlor seine Revanche gegen die Bourbonen. Bei seinem Tod auf St. Helena fand man in einer goldenen Kapsel am Herzen des toten Diktators getrocknete Veilchen. Sie stammten vom Grab seiner Josephine.

Napoleons Veilchenliebe ist ein Beispiel jener galanten verblümten Rhetorik, die gegen Mitte des 19. Jahrhunderts ihren Höhepunkt erreichte. Damen, ähnlich Gustav Flauberts Madame Bovary, trugen kleine Taschenbücher

Die Blumensprache des Stiefmütterchens
Weiß: Ich denke respektvoll an Dich.
Mauve: Meine Gedanken sind treu.
Gelb: Ich hoffe.
Purpur: Meine Gefühle sind tief.
Blau: Ich vertraue in unsere Liebe.
Stiefmütterchenkranz, Antoine Pascal, erste Hälfte des 19. Jahrhunderts.

Folgende Doppelseiten Ferdinand Georg Waldmüller. „Veilchenpflückerinnen", 1858. Germanisches Nationalmuseum Nürnberg.

Satire auf Gründerzeit-Pomp und Künstlergezänk: Naturalismus pur fand Franz Graf Pocci in den Stiefmütterchenblüten. 1876 erschienen acht lithographierte Blätter von „Viola tricolor".

mit den Vokabeln der Blumensprache bei sich, in denen sie nachblätterten, wenn ein Verehrer ihnen oder einer ihrer Freundinnen ein Bukett überreichte – stets auf der Suche nach verborgenen Gefühlen.

Das geheimnisvolle Spiel folgte festen Regeln. Ein Strauß wurde stets von links nach rechts gelesen. Dabei milderte oder verstärkte die Bedeutung einer Blume die der nächsten. Ein der melancholischen Ringelblume zugeselltes Stiefmütterchen etwa legte einen Hoffnungsschimmer auf die Depression seiner Blütenschwester. Weil aber jede Blume Unterschiedliches meinen konnte, weil immer mehr Blumen für das Übermitteln von Stimmungsnuancen verpflichtet wurden und auch die Blütenfarben Bedeutungen erhielten, geriet die Auslegung – Blume für Blume – zu einer komplizierten, langwierigen Kunstfertigkeit.

Sogenannte „Anthogrammates", selbsternannte Spezialisten der Blumensprache, erfanden in Frankreich zu allem anderen eine Blumen-Grammatik (Knospe = Futur, offene Blüte = Gegenwart, Saatkapsel = Vergangenheit) und eine Blumen-Zeitrechnung, in der zum Beispiel ein Veilchenbukett die Einladung zum zärtlichen Diner versprach.

Auch das viktorianische England wurde von der Blumenliebe erfaßt. Damen von Gesellschaft botanisierten, gärtnerten (die Staudenrabatten entstanden), legten Herbarien an oder malten Blumenporträts. Ihre Töchter amüsierten sich derweil mit einem Spiel, bei dem die beteiligten Personen aus einem gemischten Bukett jeweils eine Blume zogen. Das Wesen dieser Blume deutete ihr Verhalten in Liebesaffären. Voraussetzung war, daß die Personen die Blumensprache nicht kannten. Oder daß man ihnen die Augen verband. Veilchen, Hyazinthen, Primeln, Gänseblümchen, Weißdorn und Krokusse in einem Bukett standen für folgende Charaktere:

Veilchen: sittsam
Hyazinthe: spielerisch oder kokett
Primel: geradeaus
Gänseblümchen: spontan
Weißdorn: immer hoffnungsvoll und zuversichtlich
Krokus: kühn bis unverschämt.

Manche der famosen „Women of Flowers" hatten allerdings ein ganz anderes, eher mittelalterliches Interesse an den Blumen. Rebecca Hey zum Beispiel predigte mit fanatischem Sendungseifer die biblische Moral der Blütengeschöpfe. Und Henrietta Maria Moriarity, die als Gouvernante in einer hochgestellten Familie arbeitete, distanzierte sich in ihren Blumenbüchern ausdrücklich von dem wohl bewunderten, aber für gefährlich erotisch gehaltenen Linnéschen System. Staubfäden, Stempel, Narbe: Unübersehbar lauerten für sie hinter diesen Begriffen die Abgründe sexueller Phantasien.
Doch die prüden Ladies mochten noch so sitt-

Maria Magdalena in: „Noli me tangere“, Adriaen Collaert nach Philippe Galle. Adriaen Collaert, Florilegium 1590.

sam die Augen vor der sinnlichen Natur der Pflanzen niederschlagen – ohne es zu ahnen, dienten sie mit ihrem Blumentick einer ehemaligen Kurtisane. Erst im antiken Rom war Flora zur Göttin aufgestiegen. Nur mit Mühe hatte die mittelalterliche Kirche sie christianisiert und zur frommen Mutter aller Blumen umgedeutet. Ein Rest von Zweideutigkeit blieb immer an ihr haften, was sich zum Beispiel der niederländische Künstler Philippe Galle zunutze machte, der die Sünderin Maria Magdalena als Flora darstellte.

Dem Veilchen war solche Camouflage vom Anbeginn seiner Karriere nicht fremd. Als ein im verborgenen blühendes Blümchen avancierte es zum Liebling viktorianischer Fräuleins und Damen. Queen Victoria ließ sich für den Schmuck ihrer Residenz jedes Frühjahr Tausende von Veilchen ziehen. Wie manche der ehrbaren Matronen mißverstand auch sie seine Zurückhaltung als schamhafte Biederkeit. Hätte sie ihm ins Gesicht geschaut und den Schalk gesehen, der ihr von dort entgegenblinzelt, sie wäre tief errötet.

Bildnis nach der Natur: „Viola odorata“ von Moritz Michael Daffinger (1790–1849), einem Miniatur- und Porzellanmaler, der sich durch weibliche Porträts und Bilder schöner Pflanzen einen Namen machte. Auf Wanderungen durch Niederösterreich und die Steiermark hatte er die einheimische Flora studiert.
Wien, Akademie der bildenden Künste.

Knirps mit Anpassungsfähigkeit: Veilchenbotanik für Laien

Rechte Seite Bestandteile einer Arzneipflanze: Pfahlwurzel, herzförmige Blätter, purpurfarbene Knospen. Das Veilchen des Griechen Dioskurides. „De materia medica", um 512 nach Christus. Wien, Nationalbibliothek.

Familiengeschichte

Es gibt ältere Blütenpflanzengeschlechter. Die Magnolien etwa. Oder die Mohngewächse. Es gibt auch größere Familien. Imposante Clans mit an die tausend oder noch viel mehr Mitgliedern wie die Enziane oder die Euphorbien. Aber die Veilchen gehören zu den wenigen Pflanzenfamilien mit Historie. Mittelgroß (etwa 400 Arten), mittelalt (der Frauenmantel ist deutlich jünger) haben sie etwas Anrührendes. Und bereits in der Antike beugte sich mancher botanisch-philosophische Kopf über genealogische Studien zum Namen der krautigen Blümchen.

Theophrast fand ihre Spur bei Plato. Plinius führte sie bis auf Homer zurück. Dioskurides schließlich nannte sie Ion (Veilchen) und Leukion (helle Veilchen), und so gesellten sich unversehens Veilchen und Levkojen zueinander. Schon Albertus Magnus bemühte sich um mehr Genauigkeit und trennte das wahre Veilchen („Viola vera") von dem safrangelben Veilchen („Viola crocea"), das wir heute als Goldlack kennen. Trotzdem dauerte es weitere Jahrhunderte, bis die Familiengeschichte des Veilchens Struktur gewann. Noch im 16. Jahrhundert stand in manchem Kräuterbuch das „Mertzenveiel" (Märzveilchen) neben dem „geel Veiel" (Goldlack). Nur langsam, Gelehrtengeneration für Gelehrtengeneration, ordnete sich der paradiesische Wildwuchs zum überschaubaren Garten des Botanikers.

Knirps mit Anpassungsfähigkeit: Veilchenbotanik für Laien

Viola messanensis: sizilianisches Veilchen aus der Nähe von Messina.

Es war auf der Schwelle zum enzyklopädischen Zeitalter, als Joseph Pitton de Tournefort (1656–1708) begann, einzelne Blumen, und damit auch Veilchen, exakter zu beschreiben und zu Gattungen zusammenzulegen. Tournefort, Professor am Pariser „Jardin des Plantes", ein Pflanzensammler erster Güte, ein bewundernswertes Ordnungstalent und der erste systematisch arbeitende Botaniker, bestimmte (so als wolle er Opposition machen gegen die formalistisch geraden und blumenlosen Gärten seines Zeitgenossen André Le Nôtré) die Blüten und Früchte der Pflanzen nach den alleinigen Kriterien seines Systems. Kriterien, die er so scharfsinnig anzuwenden verstand, daß viele seiner Bestimmungen noch heute gelten. Drei von Tournefort benannte Veilchen, u. a. das Hornveilchen, finden wir bei Carl von Linné (1707–1778), dem Erfinder des „Systema Naturae", wieder.

Dieser große schwedische Botaniker übertraf in seinem Ordnungssinn Tournefort noch bei weitem. Alles, was ihm begegnete, schien er vornehmlich unter Klassifizierungsgesichtspunkten zu betrachten. Er ordnete Bäume, Sträucher, Pilze, Tiere und Krankheiten und soll, einer spitzzüngigen Legende zufolge, sogar für die Botaniker seiner Zeit eine nach militärischem Vorbild strukturierte Rangliste aufgestellt haben – mit sich selbst als General an der Spitze.

Revolutionär war sein „Sexualsystem" der Pflanzen. Kurz zuvor hatte Jakob Camerarius

Viola tricolor: eine Tieflandpflanze, die in Wiesen lebt und deshalb – immer dem Licht entgegen – lang auswachsende Stengel treibt (oben). *Viola schariensis:* eine Gebirgspflanze aus Südjugoslawien, an der Grenze zum Kosovo (rechts). Da sie dem Wind standhalten muß, bleibt sie buschig und gedrängt. Veilchen brauchen Feuchtigkeit, deshalb wachsen sie je weiter südlich, desto höher im Gebirge.

Viola epirota: griechisches Veilchen aus Epireus.

(1665–1721) entdeckt, daß sich auch Pflanzen geschlechtlich vermehren. Linné wählte diese Feststellung zum Werkzeug, schätzte die Pflanzen auf zehntausend verschiedene Arten und machte sich daran, die Fortpflanzungsorgane (die Frucht- und Staubblätter) in den Blüten von Stauden, Sträuchern und Bäumen zu zählen, zu vermessen, zu analysieren und in langen Listen zu ordnen. 27 Veilchen fand er, in der Natur und wohl auch in den Büchern der Kollegen, und schloß sie als 1112. Gattung mit Lobelien und Impatiens in der Klasse „Syngenesia“ (Pflanzen, die dicht beieinanderstehende Staubbeutel und einfache Blüten haben) zusammen.

Jedes dieser 27 Veilchen nun schlicht Veilchen zu nennen und ihre Unterschiede in Nebensätzen zu beschreiben, programmierte (die alten Autoren hatten gezeigt wie sehr) Verwechslungen vor. Linné führte deshalb einen Kunstgriff verbindlich ein, den schon mancher seiner Vorgänger hier und dort angewandt hatte. Er begründete die sogenannte binäre Nomenklatur. Jeder Pflanze verlieh er danach einen aus zwei latinisierten Worten zusammengesetzten Namen. An die erste Stelle setzte er den Namen der Pflanzengattung, zum Beispiel *Viola*, an die zweite Stelle ein klein geschriebenes Beiwort, mit dem er ein typisches Charakteristikum des besonderen Blümchens beschrieb wie in *Viola tricolor* (dreifarbiges Veilchen), *Viola cornuta* (gehörntes Veilchen) oder *Viola pinnata* (fiederblättriges Veilchen).

Viola cornuta 'Boughton Blue' und 'Alba': zwei recht winterharte Zuchtformen des Hornveilchens.

Nun hatte Linné noch nicht mit der großen Menge Veilchen und Stiefmütterchen zu tun, die seit dem frühen 19. Jahrhundert aus Kreuzungen entstanden. Um solche künstlich entstandenen Veilchen wie alle anderen Zuchtpflanzen von den Wildarten zu unterscheiden, beschlossen Botaniker 1959 verbindlich, daß vom Menschen gezogene Gartensorten nicht mit lateinischen Namen benannt werden, sondern einen deutschen, englischen oder französischen Phantasienamen erhalten, der immer mit großem Anfangsbuchstaben geschrieben wird und in einfachen Anführungszeichen steht, etwa *Viola cornuta* 'Misty Guy'.
Über die korrekte Namensvergabe der wilden Pflanzen wachen heute sogenannte Taxonome: Botaniker, die die Pflanzen in das botanische System einordnen und ihre verwandtschaftlichen Beziehungen klären. Die Gattung der Veilchen, zu der die Stiefmütterchen gehören, betreut in Deutschland der Münchner Botaniker Dr. Matthias Erben.

Gattung, Untergattung, Art und Sorte: die Ordnungsprinzipien

Botanikern geht es nicht viel anders als Kunsthistorikern. Wie diese suchen sie bei den Objekten ihrer Aufmerksamkeit nach Gemeinsamkeiten. Zwar definieren sie keine Kunststile, dafür aber Familien, keine Malerschulen, dafür aber Gattungen. Ihre Argumente begründen sie nicht mit Strich und Kolorit,

Viola ivonis: Veilchen aus Makedonien, wächst auf alpinen Matten in 1800 bis 2000 Meter Höhe.

Fortpflanzungsorgane: Staubblatt (oben) mit der Nektardrüse, die in den Sporn hineinragt. Narbenkopf (unten).

sondern beispielsweise mit Form und Anordnung der Blütenblätter oder neuerdings mit der Analyse homologer DNA-Sequenzen – Instrumente, die nicht zwangsläufig zu eindeutigen Ergebnissen führen. Auch darin unterscheiden sich Veilchenexperten nicht von Kunsthistorikern: Jede Wissenschaftlergeneration wirft neue Fragen auf. Diskutiert wird zum Beispiel immer wieder, ob *Viola lutea* zu den Stiefmütterchen gehört oder nicht.

Als endgültig festgelegt gilt: Genauso wie die Doldenblütler (Dill, Kerbel), die Lippenblütler (Salbei, Lupine) oder die Rosengewächse bilden die Veilchengewächse eine eigene Familie: die *Violaceae*, zu der neben Kräutern auch Bäume und Sträucher gehören. Innerhalb dieser Familie bilden alle Veilchen die Gattung *Viola*.

Ihre gemeinsamen Eigenschaften sind, von außen nach innen geschaut:

- Die Blüte: Sie setzt sich aus fünf nicht miteinander verwachsenen, bilateral angeordneten Kronblättern zusammen. Das untere dieser Kronblätter bildet – mal kürzer, mal länger – einen sogenannten Sporn aus: für Insekten die Speisekammer des Veilchens, denn die Staubgefäße bilden stäbchenartige Anhängsel, die in den Sporn hineinragen und dort den Nektar absondern.
- Der Narbenkopf: Er sieht aus wie ein echter Kopf, ist jedoch innen hohl und nach vorn geöffnet. In dieses kleine Gefäß muß der Pollen hineinfallen, keimt in ihm, wächst als

Pollenschlauch durch den Griffel bis zur Samenanlage der Blüte und befruchtet dort die Eizelle.

- Die Blätter: Sie besitzen am Stielansatz sogenannte Nebenblätter (Auswüchse des Blattgrundes), ein wichtiges Unterscheidungsmerkmal, das nicht bei vielen Pflanzenfamilien vorkommt.

Die Gattung Veilchen teilt sich wieder in etliche Sektionen oder Untergattungen auf. Fünf von ihnen kommen in Europa vor. Und nur zwei beherbergen unsere Gartenveilchen. Benannt (daher der Zusatz Ging. im Sektionsnamen) und beschrieben hat sie Gingins de Lassarz (1790–1863), der es als erster unternahm, eine reine Veilchenmonographie zu verfassen.

- In der Untergattung Nomimium Ging. (Nomimium von griechisch nomimos gleich gesetzlich, normal) finden sich die Arten *Viola odorata*, *V. canina*, *V. elatior*, *V. suavis* (auch *V. sororia* und *V. labradorica* als außereuropäische Arten). Typische Merkmale sind: offene Blüten, mitunter kleistogame Blüten (das sind Blütenknospen, die sich nicht öffnen und sich im Innern selbst befruchten; sie bilden sich aus, wenn etwa das Wetter schlecht ist und die farbigen Blüten keine Insekten anlocken), ganzrandige Blätter, kleine schuppenförmige Nebenblätter, Narbenöffnung an der Spitze eines schwach keulenförmig verdickten Griffelkopfes.

Unterscheidungsmerkmale: Zerteiltes Stengelblatt von *Viola arsenica*, die auf arsenhaltigen Böden wächst (oben). Nahezu ganzrandig das Stengelblatt von *Viola macedonica* (unten).

Ein Beispiel: Das berühmte historische Duftveilchen 'Königin Charlotte', das um 1900 in Deutschland gezüchtet wurde und noch heute hier und da angeboten wird, ist eine Gartensorte der Art *Viola odorata* in der Untergattung (oder Sektion) Nomimium Ging. der Gattung *Viola* in der Familie *Violaceae*.

- Die Untergattung Melanium Ging. (Melanium von griechisch mélas gleich schwarz – oder von griechisch mneme gleich Gedächtnis, frz. Pensée, engl. Pansy) umfaßt alle Stiefmütterchen und damit auch alle Veilchen, die zu den Vorfahren unserer Gartenstiefmütterchen gehören wie die Arten *Viola tricolor*, *V. cornuta*, *V. altaica*, *V. lutea*. Ihre gemeinsamen Merkmale sind: offene Blüten, zerteilte Blätter, große blattähnliche, oft ebenfalls zerteilte Nebenblätter und Griffel mit einer Narbenöffnung an der Vorderseite des kugelig verdickten Griffelkopfes.

Ein Beispiel: Eines der populärsten, über hundert Jahre alten Gartenveilchen heißt 'Jacknapes'. Gertrude Jekyll taufte es mit diesem Phantasienamen angeblich nach einem zahmen Affen, der auf ihrer Schulter saß, wenn sie in Munstead Wood spazierenging. Das Micky-Mouse-gesichtige, knapp 23 cm hohe, aus Stecklingen gezogene Gewächs ist vermutlich um 1885 aus einem Gartenveilchen und dem wilden Stiefmütterchen *Viola tricolor* entstanden. Damit gehört 'Jacknapes', ohne daß die Art dieses Veilchens genau angegeben werden kann, in die Untergattung (oder Sektion)

Seitenansicht von *Viola phitosiana* (oben): Grün sind die Kelchblätter, farbig die Kronblätter und deutlich sichtbar ist der lang herausgezogene Sporn, ein Charakteristikum aller Veilchen. Er kann von 1,8 mm bis 15 mm lang und gerade, nach oben, nach unten gebogen oder geknickt sein wie beim Hornveilchen. Rückenansicht von *Viola albanica* (rechts): deutlich sichtbar der vom unteren Kronblatt ausgebildete Sporn.

Melanium Ging. der Gattung *Viola* in der Familie *Violaceae.*
In den gleichen botanischen Karteikasten gehören auch die gerüschten Rokokostiefmütterchen oder die 1927 bei Roggli entstandenen Schweizer Riesen.
Mehr als alle anderen Veilchen, mehr als die meisten Blumen überhaupt, boten die Veilchen der Sektion Melanium den Züchtern leichtes Spiel. Wo bei anderen Pflanzen unterschiedlicher Herkunft Kreuzungsbarrieren dafür sorgen, daß Bastarde steril bleiben, feiern die Veilchen dieser Sektion fröhliche Mesaillancen, lassen sich immer wieder aufs neue vermählen und bilden bunt zusammengewürfelte Familienclans. Für die Veilchen ist das eine Überlebensstrategie, die es ihnen ermöglicht, sich in ökologischen Nischen einzunisten und auf der ganzen Welt zu siedeln. Den Züchtern ermöglicht dieses Verhalten ein großartiges Geschäft, indem sie Blüten in unterschiedlichsten Größen, Formen und in allen Regenbogenfarben hervorbringen.
Ob die Eltern eines besonders charmanten Stiefmütterchenkindes aus dem Kaukasus, aus den Pyrenäen oder der Schweiz eingewandert sind, kann nach zweihundertjähriger Heiratspolitik in vielen Fällen auch kein Kenner mehr sagen. Die an Systemtreue interessierten Botaniker helfen sich in diesem Fall mit einem Trick. Da diese Stiefmütterchen für den Garten entstanden, schlug der Schwede Veit Brecher Wittrock (1839–1914) vor, sie *Viola* x

hortensis (hortensis von hortus, der Garten) zu nennen. Er setzte sich damit zwar nicht durch, wurde aber für die Idee honoriert, indem man heute diese Mischart *Viola* x *wittrockiana* nennt. Das Malzeichen „x" bedeutet hierbei, daß es sich um keine Wildart, sondern um eine Hybride handelt.

Strahlen und Säfte
oder: wie die Farben in der Veilchenblüte entstehen

„Himmelblau und Morgenroth, Wiesengrün und Veilchenblau, alles entspringt aus Strahlen ..., die so höflich sind, sich in Feuer, Wasser, Luft und Erde, an allen lebendigen und leblosen Gegenständen, spalten, verschlucken, zurückwerfen und bunt herumstreuen zu lassen", so leidenschaftlich polemisierte Goethe gegen Newtons damals schon fast ein Jahrhundert alte Farbenlehre.
Nicht nur Verseschreiber, Bildermaler, Kräutersammler und Systembotaniker, sondern auch Physiker interessierten sich früh für das „schalkhafte" Pflänzchen. Sie untersuchten speziell seine Farbe, sein besonderes, intensives Blau. „Veilchen", notierte Newton (1643–1727), „werfen die refrangibelsten Strahlen am häufigsten zurück und haben ihre Farbe daher." Für ihn ein Exempel, das die Gesetzmäßigkeit der ganzen Optik erklärt. Denn, so fuhr er fort: „Jeder Körper wirft die Strahlen seiner eigenen Farbe häufiger zurück

als die übrigen Strahlen; und von ihrem Übermaße und Vorherrschaft im zurückgeworfenen Licht hat er seine Farbe."

Goethe, der vierzig Jahre seines Lebens die Natur der Farben studierte, wollte es partout anders sehen. Entgegen Newton, der den Lichtstrahl in sieben Farben aufspaltete, behauptete er, daß Licht homogen und Farbe eine Eigenschaft der Körper sei. Beweise waren für ihn die reinen Farben, die bei Schmetterlingen, Vögeln oder Blumen wie dem Veilchen vorkommen. Er experimentierte mit Veilchensirup, ließ ihn alkalisch (blau) und sauer (rot) reagieren als Argument dafür, daß Farben nicht von Strahlen erzeugt werden.

Gut hundert Jahre später trennte der Botaniker Raoul Francé mit einem Rasiermesser einen feinen Querschnitt aus einem Stiefmütterchenblütenblatt, legte ihn unter das Mikroskop und entdeckte als Zellgewebe eine „zarte Häkelei", deren Maschen von blauem oder violettem Saft erfüllt sind. Und „dort, wo gelbe Streifen und Flecke das Blatt durchsetzen" – entdeckte er „in den Zellen winzige goldgelbe Dukaten". Wenn diese „gelben Scheiben" in einer purpurfarbenen Flüssigkeit schwimmen, so mischen sie sich zu einem Farbeindruck wie auf „alten Glasgemälden". Schon seit Jahrtausenden, so fand Francé, arbeite die Natur nach der Theorie der modernsten Künstler. Wie die Impressionisten füge sie in den Zellen des Stiefmütterchenblü-

tenblattes feinste Farbpartikelchen der Grundfarben an- und übereinander und lasse so alle denkbaren Schattierungen entstehen.
Mehr noch, da Farben am intensivsten wirken, wenn sie in „die Tiefe gehen“, so schrieb Raoul Francé, imitiere die Stiefmütterchenblüte den Samt. In dichten Reihen, so sah er unter seinen Vergrößerungslinsen, stehen auf den Blütenblättern stumpfe, haarähnliche Höckerchen nebeneinander – was in Wirklichkeit kein Schönheitsmittel ist, sondern ein patenter Wetterschutz. Denn auf den Haaren perlen Tau und Regen ab, bevor sie die Blüte verderben können.
Heute nennen Botaniker die Höckerchen „Papillen“. Die für die gelbe Farbe verantwortlichen „Golddukaten“ unterscheiden sie in:

- Quercetrin, ein Flavonoid (ein Gerbstoff), das in Kristallform im Zytoplasma liegt (im Zellsaft gelöst ist) und einen cremegelben Farbton erzeugt und
- ein Carotinoid (nur fettlöslich), das in Form von kleinen Körperchen (oder Chromoplasten) die gelborangen und goldgelben Farben bildet.

Die roten und blauen Farbtöne (Violanin) sind als „Anthocyane“ im Zellsaft gelöst.
Rezept: Da Violanin wasserlöslich ist, läßt sich auf einfache Weise ein veilchenfarbiges und zugleich aromatisch würziges Wasser herstellen. Blütenblätter von *Viola odorata* in ein Gefäß aus Glas (es kann auch aus Emaille

oder Keramik bestehen) mit fest schließendem Deckel geben, mit kochendem Wasser übergießen, fünf Minuten abkühlen lassen und gut verschließen. 48 Stunden später abseihen. Fertig. Das Veilchenwasser färbt und würzt Getränke, Saucen, Kuchen oder Gelatine.

Die schwarzen Striche auf den Stiefmütterchengesichtern entstehen dort, wo Anthocyane und Flavonoide sich so überlagern, daß sie alles Licht absorbieren, was – wie schon Newton erkannte – Schwarz erzeugt.

Stiefmütterchen (*Viola tricolor*) – und das macht sie bei Gärtnern seit gut zwei Jahrhunderten so begehrt – besitzen alle drei Primärfarben (Rot, Gelb, Blau) in einer Blüte. Das Kombinationsspiel ist damit schier unendlich. Neonblau, Schwefelgelb, goldgesäumtes Braun, rosige Seide, schwarzer Samt: kaum ein Farbexperiment, das den Züchtern nicht schon gelungen wäre. Und sie müssen nicht lange warten, eine Vegetationsperiode nur, und die Blüte zeigt sich mit neuem Gesicht.

Eltern und Töchter oder: was die Kürzel F1 und F2 bedeuten

Schwarz heißt der anhaltende Trend in der Designermode am Ende des Jahrtausends. Tiefschwarz blühen auch die begehrtesten Veilchen in den späten Neunzigern. Das muß kein Farbenfreund lange bedauern. Denn so leicht die Stiefmütterchen es ihren Züchtern

Das Stiefmütterchengesicht: Es war in den 30er Jahren des letzten Jahrhunderts, als der englische Gärtner Thompson bei einem Rundgang zwischen vergessenen Sämlingen plötzlich eine Blüte entdeckte, die ihn wie ein „kleines Katzengesicht … unverwandt anstarrte“. Er nahm den Zufallsfund aus dem Beet und gab ihm den Namen ‘Madora’. Hier einer seiner späten Nachfahren.

einerseits machen, immer neue Farben zu erzeugen, so vergänglich sind diese andererseits. Einen Sommer lang legt das Pflänzchen gehorsam tiefe Trauer an. Doch schon im nächsten März, wenn die Sämlinge aus dem Vorjahr zu blühen beginnen, ist aller Gram verschwunden, und die Kinder der Schwarzblüher schwelgen wieder (wenn sie nicht in strengster Klausur gehalten wurden) in Blau und Gelb und Lila und Rot.

Die Natur hat das auf Insekten wenig anziehende Schwarz nicht vorgesehen. Jede Hummel sorgt mit dem bei der Nachbarin eingesammelten Pollen für eine erneute Kreuzung, deren Ergebnis nach Mendels Gesetzen wieder alle einzelnen Eigenschaften der Eltern zeigt – nur kein Schwarz. Will der Gärtner ewiges Schwarz, muß er immer wieder von vorn beginnen und mit reinerbigen, andersfarbigen Eltern neue kohlefarbene Sprößlinge ziehen.

Nun ist Schwarz das extremste Beispiel. Gleiches gilt für orange oder rosa blühende Stiefmütterchen. Der aufmerksame Leser von Saatkatalogen achtet daher auf die Namenszusätze F1 oder F2. Sie bezeichnen Hybride, also Kreuzungen reinerbiger Eltern. F1 (F wie filia gleich Tochter) ist die erste Tochtergeneration, F2 die zweite.

F1-Hybriden sind großblumiger, hitzetoleranter, kälteresistenter oder ausdauernder als ihre Eltern, sie duften intensiver oder wachsen kompakter, je nachdem welche Eigenschaften der Züchter sich zum Arbeitsziel gemacht

Viola x *wittrockiana* ‘Black Devil’: Reines, tiefes Schwarz, heute Modefarbe, war schon im letzten Jahrhundert ein Züchterziel. Berühmte frühere Sorten hießen ‘Faust’, ‘Mohrenkönig’ oder ‘Wotan’.

Viola x *wittrockiana* 'Chrystal Bowl' mit blauem Zentrum.

Karnevalsbunt oder mit Passepartout-Rand: Weil in der Stiefmütterchenblüte alle drei Primärfarben angelegt sind, gibt es für Züchterexperimente keine Grenzen. Hier *Viola* x *williamsiana* 'Kelmscott Mischung' (oben) und *Viola* x *wittrockiana* 'Roggli Schweizer Riesen Gemmi' (rechts): Riesenblumig und mittelfrüh sind die „Schweizer Riesen" Legende. Die Gebrüder Roggli in Hilterfingen züchteten 1914 die Vorfahren aller modernen Stiefmütterchen und gaben ihnen Namen von Bergen, Seen und Flüssen des Berner Oberlandes.

Folgende Doppelseiten Perfekt unter Haselnußsträuchern oder Obstgebüsch: eine Frühlingsgesellschaft aus Hornveilchen und Hasenglöckchen *(Hyacinthoides non-scripta).*

Züchterspaß und Modetick: Miniatur-Stiefmütterchen mit Tuschflecken im Blütengesicht.

Für einen impressionistischen Effekt: *Viola* x *wittrockiana* 'Premiere' (braunrote Töne) und andere.

hatte. Diese erste Generation zeigt, das nennt der Botaniker den Heterosiseffekt, die Merkmale der Eltern verstärkt. Allerdings ist sie spalterbig. Schon ihre ersten aus eingesammelter Saat herangewachsenen Nachkommen haben zum Teil allen züchterischen Drill vergessen. Gerade noch ein Viertel verfügt über die anerzogenen Eigenschaften.

F2-Hybriden sind noch unzuverlässiger. Schon die aus dem ersten Saatpäckchen entstandenen Sämlinge entsprechen nicht alle dem Züchterwunsch. Ein gewisser, heute geringer Prozentsatz blüht schwächer, duftet weniger, zeigt andere Farben als versprochen. Der gewiefte Gärtner weiß das und zieht entsprechend mehr Pflanzen.

Erst wenn Hybriden sehr weit durchgezüchtet sind, entstehen wieder Pflanzen, die echt aus Saat fallen. Das heißt, Gärtner haben sieben, acht oder mehr Generationen nur die Lavendelblauen oder Zimtbraunen herausgesammelt, abgeerntet und wieder ausgesät – solange, bis kein Ausreißer mehr unter den blühenden Prüflingen zu finden ist. Ob auch ein wirklich schwarzes Stiefmütterchen dabei ist? Der Holländer Kees Sahin hat sich bei einigen, auch alten Sorten darum bemüht. 'Wotan' heißt sein Zuchterfolg.

Viola x *wittrockiana* 'Romeo & Julia': Züchtung des holländischen Stiefmütterchenkenners Kees Sahin. Ungewöhnlich modern erscheinen die Pastellfarben, die es ähnlich jedoch schon vor hundert Jahren gab.

Die Veilchen kichern und kosen oder: das Veilchen und der Schmetterling – Gedichte

„Veilchen" aus dem „Gart der Gesundheit". Mainz, Peter Schoeffer, 1485.

Knabe und Veilchen

Knabe
Blühe, liebes Veilchen,
Das so lieblich roch,
Blühe noch ein Weilchen,
Werde schöner noch.
Weißt du, was ich denke?
Liebchen zum Geschenke
Pflück ich, Veilchen, dich.
Veilchen, freue dich!

Veilchen
Brich mich stilles Veilchen,
Bin die Liebste dein,
Und in einem Weilchen
Werd ich schöner sein!
Weißt du, was ich denke?
Wenn ich duftend schwenke
Meinen Duft um dich:
Knabe, liebe mich!

(Unbekannter Verfasser)

Das Veilchen

Ein Veilchen auf der Wiese stand,
Gebückt in sich und unbekannt;
Es war ein herzig's Veilchen!
Da kam eine junge Schäferin,
Mit leichtem Schritt und munterm Sinn,
Daher, daher,
Die Wiese her, und sang.

„Ach!“ denkt das Veilchen, „wär' ich nur
Die schönste Blume der Natur,
Ach, nur ein kleines Weilchen,
Bis mich das Liebchen abgepflückt
und an dem Busen matt gedrückt.
Ach nur, ach nur,
Ein Viertelstündchen lang!“

Ach! aber ach! das Mädchen kam
Und nicht in acht das Veilchen nahm
Er trat's, das arme Veilchen,
Es sank und starb und freut' sich noch:
„Und sterb' ich denn, so sterb' ich doch
Durch sie, durch sie,
Zu ihren Füßen doch.“

(Johann Wolfgang von Goethe)

Lob des Frühlings

Saatengrün, Veilchenduft,
Lerchenwirbel, Amselschlag,
Sonnenregen, linde Luft!

Wenn ich solche Worte singe,
Braucht es dann noch große Dinge,
Dich zu preisen, Frühlingstag!

(Ludwig Uhland)

An das Herz

Kleines Ding, um uns zu quälen,
Hier in diese Brust gelegt!
Ach, wer's vorsäh, was er trägt,
Würde wünschen, tät's ihm fehlen!

Deine Schläge, wie so selten
Mischt sich Lust in sie hinein!
Und wie augenblicks vergelten
Sie ihm jede Lust mit Pein!

Ach! und weder Lust noch Qualen
Sind ihm schrecklicher als das:
Kalt und fühllos! O ihr Strahlen,
Schmelzt es lieber mir zu Glas!

Bebe, beb' ihr auf zu Füßen,
Frühlingserde, und ein Flor
Junger Veilchen, sie zu grüßen,
Keim aus deinem Schoß hervor.

Sagt ihr, Veilchen, eure Wonne,
Daß ihr sie zu sehn gekriegt,
Sagt ihr, daß in eurer Sonne,
Fern von ihr, ein Bruder liegt.

(Jakob Michael Reinhold Lenz)

Blumenoblate, um 1880.
„Schlicht nur bis du stets gewesen,
unbedeutend oft und klein,
dennoch nimmt dein liebes Wesen
jeden, jeden für dich ein.“
(Rainer Maria Rilke)

Die Veilchen kichern und kosen oder: das Veilchen und der Schmetterling – Gedichte

Das Veilchen und der Schmetterling

Ein Veilchen stand
An Baches Rand,
Und sandte ungesehen
Bei sanftem Frühlingswehen
Süßen Duft
Durch die Luft.

Da kommt auf schwankendem Flügel
Ein Schmetterling über den Hügel
Und senket zur kurzen Rast
Zum Veilchen sich nieder als Gast.

Schmetterling
Ei! Veilchen! wie du töricht bist
Zu blühn, wo niemand dein genießt!

Veilchen
Nicht ungenossen blüh ich hier,
Ein Schäfer kommt gar oft zu mir
Und atmet meinen Duft und spricht:
„Ein solches Blümchen fand ich nicht.
Wie Veilchen du! auf Wiesen, Auen
Ist keines mehr wie du zu schauen!"

Schmetterling
's ist schöner doch, glaub meinem Wort,
Zu blühn auf freier Wiese dort,
In jener bunten Blumenwelt,
Als hier im dunklen Schattenzelt!

Veilchen
Hier bin ich meines Schäfers Wonne,
Dort aber bleichet mich die Sonne,
Und ohne Farbe, ohne Duft,
Find ich zu früh dort meine Gruft,
Drum blüh ich in der Einsamkeit,
Wenn auch nur Einer mein sich freut.

(Nikolaus Lenau)

Märzveilchen
1848

Das erste Veilchen dieses Jahres stand
Auf Père-la-Chaise, an eines Grabes Rand.

Dort hat es in der Nacht des dritten März
Getrieben Börnes Staub, – nein, Börnes Herz.

Es war sein Frühlingsgruß ans Vaterland,
Zu dessen spätem Frühling heimgesandt.

(Franz von Dingelstedt)

Rechte Seite Stammbuchblatt aus einem Freundschaftsalbum, 1816.

Morgens send ich dir

Morgens send ich dir die Veilchen,
Die ich früh im Wald gefunden,
Und des Abends bring ich Rosen,
Die ich brach in Dämmrungstunden.

Weißt du was die hübschen Blumen
Dir Verblümtes sagen möchten?
Treu sein sollst du mir am Tage
Und mich lieben in den Nächten.

(Heinrich Heine)

Blumen

Ein Mensch, erkrankt schier auf den Tod
An Liebe, ward mit knapper Not
Gerettet noch von einer Mimin,
Die sich ihm hingab als Intimin,
Noch wild erfüllt von Jubelbraus
Geht er in tiefer Nacht nach Haus;
Er dampft vor Dankbarkeit und Wonne;
Ein jeder Stern wird ihm zur Sonne:
Ha! Morgen stellt er um den Engel
Gleich hundert Orchideenstengel …
Er wird, und sollts ihn auch zerrütten,
Das Weib mit Rosen überschütten …
Nicht Rosen, nein, die schnell verwelken –
Er bringt ihr einen Büschel Nelken …
Sollt man nicht jetzt, im Winter nehmen
Vier, drei, zwei schöne Chrysanthemen?

Sei dem Veilchen immer gleich,
Und an ſtiller Tugend reich;
Denn traegſt du auf Erden hier
Schon den Himmel ſelbſt in dir.

Wie wär es, denkt er hingerissen,
Mit Tulpen oder mit Narzissen?
Entzückend ist ein Primelstöckchen:
Süß sind des Lenzes erste Glöckchen.
Doch damit, ach ist sein Gemüt
Denn auch so ziemlich abgeblüht.
Er sinkt ins Bett und träumt noch innig:
Ein Veilchenstrauß, das wäre sinnig …

(Eugen Roth)

Mein Zimmer

Mein Zimmer duftet königlich fein,
Veilchenprinzessinnen zogen ein,
Schwärmen und wärmen mit weichblauen
Augen,
Fächeln und hauchen schmachtende Lächeln,
Winken mit feinen, vornehmen Gliedern.
Laden mich ein,
Ich neige mich nieder,
Ihr Page bin ich,
Ihre Lippen sind mein.
Ich schwöre ewige, ewige Liebe,
Sie schweigen so süß,
Schauen so ernst aus den schwerblauen
Augen.
Meinen sie, Schwüre und Blumen verwelken?
Sie lächeln und weinen.
Meine kleinen Prinzessen.

(Max Dauthendey)

Märzveilchen

Der Himmel wölbt sich rein und blau;
Der Reif stellt Blumen aus zur Schau.

Am Fenster prangt ein flimmernder Flor,
Ein Jüngling steht ihn betrachtend davor.

Und hinter den Blumen blühet noch gar
Ein blaues, ein lächelndes Augenpaar.

Märzveilchen, wie jener noch keine gesehn!
Der Reif wird angehaucht zergehn.

Eisblumen fangen zu schmelzen an –
Und Gott sei gnädig dem jungen Mann!

(Adelbert von Chamisso)

Auf Flügeln des Gesanges

Auf Flügeln des Gesanges,
Herzliebchen, trag' ich dich fort,
Fort nach den Fluren des Ganges,
Dort weiß ich den schönsten Ort.

Dort liegt ein rotblühender Garten
Im stillen Mondenschein:
die Lotosblumen erwarten
Ihr trautes Schwesterlein.

Die Veilchen kichern und kosen
Und schau'n nach den Sternen empor:
Heimlich erzählen die Rosen
Sich duftende Märchen ins Ohr.

Es hüpfen herbei und lauschen
Die frommen, klugen Gazell'n;
Und in der Ferne rauschen
Des heiligen Stromes Well'n.

Dort wollen wir niedersinken
Unter dem Palmenbaum
Und Liebe und Ruhe trinken
Und träumen seligen Traum.

(Heinrich Heine)

Blumen zur Erinnerung: Zu den liebenswerten Gebräuchen des 19. Jahrhunderts gehörte es, sich kleine Sträußchen als Souvenir oder als Freundschaftsbeweis zu pressen. Veilchen aus dem „Berliner Blumentagebuch der Clara Schumann 1857–1859“. Berlin, Deutsche Staatsbibliothek in der Stiftung Preußischer Kulturbesitz.

Eine ausgesuchte Gesellschaft: Veilchen und Stiefmütterchen für den Garten

Eine knapp zwei Zentimeter winzige Tante in Japan, ein fratzengesichtiger Onkel in Rumänien, Neffen in Sibirien, ein ganzer Clan in Nordamerika: Die Familie der Veilchen ist groß. Etwa 400 Arten und dazu Unterarten gehören zu ihr. Sie haben sich auf der ganzen Erde verteilt, haben sich an Moor und Geröll, Wald und Wiese angepaßt, manche so stark, daß keine menschliche Überredungskunst sie von ihrem Geburtsort weglocken kann. Sie stromern über Knicks, kraxeln auf Felsen oder staken durch mooriges Gelände. Einige von ihnen haben sich im Garten niedergelassen. Die naschsüchtigen Stiefmütterchen gehören dazu. Auch die letzten Parmaveilchen, Überbleibsel eines alten Veilchen-Adelsgeschlechts. Oder die Hornveilchen. Ihnen, den Gartenveilchen, gehört diese kleine Abhandlung.

Hornveilchen – Viola cornuta

Im Jahr 1680 fand der französische Botaniker Joseph Pitton de Tournefort in den Pyrenäen ein blaues Veilchen. Von seinen bis dahin bekannten Artgenossen unterschied es sich durch einen besonders weit nach hinten aus der Blüte herausgezogenen hornförmigen Zipfel, der ihm seinen Beinamen gab: cornuta, gehörnt.

Ihm wandte sich zwei Jahrhunderte später (das Stiefmütterchen hatte inzwischen als Show-Pansy eine steile Karriere bei den Flori-

sten gemacht) der englische Gärtner James Grieve zu, an dessen Namen noch heute jener maigrüne säuerliche Apfel erinnert. James Grieve suchte Möglichkeiten, dem total überzüchteten und für den Garten untauglich gewordenen Show-Pansy robustere Wildveilchen-Gene zuzuführen. In einem breitangelegten Versuchsprogramm kreuzte er alles, was ihm in die Hände kam, und züchtete die kompakte, und blütenreiche Staude, die noch heute in England so unpräzise „Viola“ genannt wird.
Unter diesen Stauden gibt es Berühmtheiten wie das rundgesichtige ‘Irish Molly’, mit einer raffinierten Blütenfarbe zwischen Oliv, Gold, Schlamm und Braunorange. Die holländische Gärtnerin Eleonore de Koning in Oudelande auf Zeeland hat um dieses Veilchen einen kleinen Extragarten, ihr „Carré Biscuit“, aufgebaut. Zur Ehrengarde des ‘Irish Molly’ bestimmte sie Pflanzen wie *Digitalis ferruginea*, *Aconitum napellus* ‘Carneum’, *Verbascum* ‘Helen Johnson’ und *Zigadenus*, elegante Pflanzen, deren besondere Aufgabe es ist, die von ‘Irish Molly’ vorgegebenen Farbklänge ins Gelbbraune, Gelbgrüne, Bronzengetönte weiterzuspielen. So hoch geehrt, benimmt sich ‘Irish Molly’ dann auch wie die Prinzessin auf der Erbse. Wer nicht alle Spielregeln im Umgang mit kapriziöseren Veilchen beherzigt, verliert sie schon nach dem ersten Winter. Sie hat, wie die Gärtner sagen, viel Stiefmütterchen-Blut und

Folgende Doppelseite
Viola cornuta ‘Tony Venison’. Hornveilchen zählen zu den Lieblingsblumen der Gärtner in Schweden, wo sie sich auch wohler fühlen als bei uns. Schön als dicker Tuff oder Beetumrandung.

ist eher als einjährige Pflanze zu behandeln.
England und Schweden, das sind heute die Hornveilchen-Länder. Dort fühlen sie sich wohl. Bei uns, genauso wie in Holland, wird ihnen klamm. Und viele von ihnen sterben bereits im ersten Winter, was dazu geführt hat, daß nach einem aus England nach Holland übergreifenden, vier, fünf Jahre anhaltenden Veilchen-Fieber die niederländischen Gärtner ihre Enttäuschung ganz unverhohlen äußern. Coen Jansen, einer der besten von ihnen, hat über die Jahre mehr als 200 Veilchensorten gründlich auf Langlebigkeit getestet. Nach vielen Verlusten ist eine knappe Handvoll ausdauernder Hornveilchen übriggeblieben, die er empfehlen kann.

Dazu gehören

'Aubergine', malvenfarben, hellviolett
'Boughton Blue' (oder 'Belmont Blue'), zart hellblaue Blüte, 15 cm hoch
'Julian', hellblau, mit gelbem Zentrum
'Misty Guy', schmalblütig, in zartem Hellblau

Kultur

Jeder nahrungsreiche, teilweise beschattete Boden. Hornveilchen bastardisieren leicht.

Traumpaar: die alte Rose 'Mme Hardy' und das Hornveilchen 'Boughton Blue', gut ernährt und auch einmal kräftig zurückgeschnitten, blüht es bis zum Herbst.

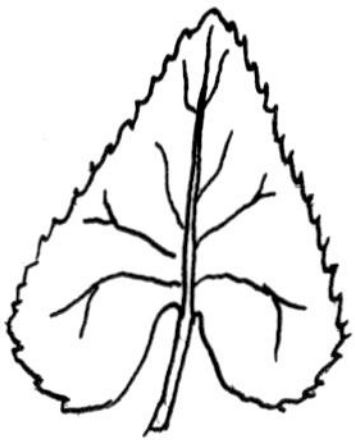

Pfingstveilchen – Viola sororia

Eine Einwanderin, die aus den feuchten Wiesen von Wyoming, Oklahoma und North Carolina zu uns kam. Wuchsstark und unkompliziert, gehört diese Amerikanerin als williger Bodendecker im Schatten zu den dienstbaren Geistern im Garten. Einziger Makel: Auch sie duftet (wie das Stiefmütterchen oder unser wildes Märzveilchen) nicht, was bei einem Veilchen so wirkt, als sei es stumm. Zu den begehrten Sorten der robusten Art gehört die weiße, mit lila Pünktchen übersäte *Viola sororia* 'Freckles', die sich leicht aus Samen ziehen läßt.

Kultur

Ein feuchter durchlässiger Boden. Pfingstveilchen vertragen auch Sonne.

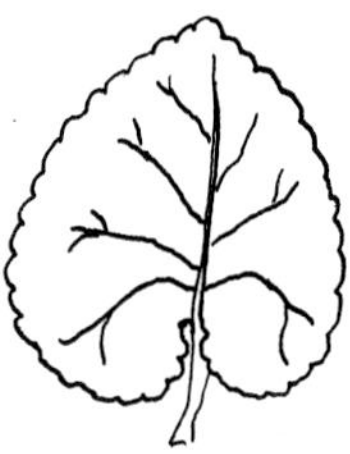

Duftveilchen – Viola odorata

Schönstes aller Unkräuter und Stamm-Mutter des wohlriechenden Gartenveilchens. Nicht zu verwechseln mit den duftlosen im März blühenden Veilchen *Viola riviniana* oder *Viola canina*. Das wilde Duftveilchen ist im Westen Deutschlands heimisch, wanderte von dort den Rhein hinauf bis in den Bereich der Oberweser. Auch weiter im Norden läßt es sich hier und dort als Gartenflüchtling in freier Landschaft finden.

Viola sororia 'Freckles': das marmorierte Pfingstveilchen, willig, robust und leicht auszusäen.

Von alters her hat das Duftveilchen seinen festen Platz in der häuslichen Umgebung des Menschen. Für Festbankette im antiken Athen benetzte man die Flügel von Tauben mit Veilchen- und Rosenparfüm und ließ sie auf dem Höhepunkt der Geselligkeit über die Gäste fliegen. In den Küchen- und Klostergärten hütete man das Duftveilchen als Nutzpflanze (es wirkt antiseptisch und aromatisiert Süßigkeiten) und gesellte es zum Beispiel zu Basilikum – ein für Deutschlands großen Staudengärtner und Blumenpoeten Karl Foerster viel zu haushälterischer Umgang mit der liebenswürdigen Frühlingsbotin. Er wollte dieses Veilchen nicht nur im Verborgenen blühen sehen und riet, es unter Strauch-Päonien zu pflanzen.

Doch was ist diese solide deutsche Veilchenempfehlung gegen das tiefe Gefühl, das die englische Nation dem „Sweet Violet" entgegenbrachte. „Penny a bunch" und „Violets, sweet violets" hallten die Rufe viktorianischer Flowergirls durch das smog-verräucherte London. Veilchenduft gegen Rußschwaden. Die aromatischen kleinen Bouquets gehörten so sehr zum Bild des Merry old England, daß die Veilchenverkäufer an den großen Auswandererbahnhöfen die größten Gewinne einstrichen. Ein letztes Sträußchen: das war mehr als ein Andenken, das war ein Versprechen aufs Wiederkommen.

Die eindrucksvolle Karriere des Duftveilchens im 19. Jahrhundert war wie so oft im Leben

Folge der richtigen Partnerwahl. Zu Beginn des Jahrhunderts (vielleicht auch schon davor) hatten „Planthunter“ ein großblütiges russisches Veilchen nach England und Frankreich mitgebracht. Es ließ sich mit dem Duftveilchen verkuppeln und brachte so legendäre Nachkommen wie ‘Czar’ hervor, eine noch heute kultivierte Sorte mit langen Stielen und mit Blüten in dem echten tiefvioletten Veilchenblau.
Die Aussicht auf beträchtlichen kommerziellen Gewinn stachelte die Züchter an. Zwischen 1860/70 und 1920 zogen sie, vor allem in England und Frankreich, ungezählte Sorten. Vorrangiges Ziel ihres Eifers waren Riesenblüten. Bewunderter Champion wurde um die Jahrhundertwende der Franzose Arnaud Millet: drei, dreieinhalb Zentimeter maßen seine Rekorde. Auch Deutschland beteiligte sich erfolgreich an dem Züchterwettstreit um das duftende Superveilchen. Es schickte Botschafter und Botschafterinnen mit preußischen Namen in die Welt wie den kräftig blauvioletten ‘Kaiser Wilhelm II.’ mit gigantischen Blüten von über vier Zentimetern und stärker duftend als alle Konkurrenten; die gedrungene tief purpurfarbene ‘Kaiserin Auguste’, die langbeinige ‘Askania’ oder die mittelblaue ‘Königin Charlotte’, die als einzige dieser Meisterzüchtungen überlebt hat. Zwar sind deutsche Namenssorten in England oder den USA im Handel, doch immer wieder erweist sich, daß sie ihren historischen Vorbildern wenig ähneln.

Die wilden Duftveilchen und ihre Namenssorten sind fügsam. Sie passen sich ihrem Standort, wenn er nicht zu trocken oder sonnig ist, willig an. Doch wer großblütige Duftveilchen von so historischer Bedeutung wie *Viola* 'Czar' oder gefüllte Sorten haben möchte, muß sich mühen. Der hochgemute Veilchenadel gewährt seine Gunst nicht umsonst, sondern will bedient sein. Gertrude Jekyll, Englands berühmte Gärtnerin, riet: „Veilchen müssen jedes Jahr verpflanzt werden. Wenn die letzte Blüte vorüber ist, werden sie aufgenommen, geteilt … und in gute, gedüngte Erde an einem etwas beschatteten Platz wieder eingepflanzt, alle achtzehn Inches eine Pflanze. Man sollte bis zum August alle Ausläufer entfernen, von Zeit zu Zeit flüssigen Dünger geben und bei Hitze wässern." Die Empfehlung gilt noch heute. Die wichtigsten Faustregeln aber sind: gute Ernährung (nach dem Motto „Boden, der gutes Gemüse hervorbringt, ist auch gut für Veilchen.") und ein wachsames Augenmerk auf die Pflanzen. Eine einzige Nacktschnecke kann einer Pflanze in einer Nacht den Garaus machen, was den Einsatz rabiatester Verteidigungsmethoden rechtfertigt.

Alles in allem verlangen die Duftveilchen nicht mehr Aufmerksamkeit als Astern oder Rosen. Mit tiefgrünen Blättern, gut in Form, so sitzen sie in den Beeten der Spezialistin Brigitte Wachsmuth, hingeschmiegt in Ecken unter Laubgehölzen und Rhododendren oder an der

Duftveilchen: Wer seinen Geruch erschnuppern will, muß dicht heran mit der Nase (oben). Noch heute vertreibt die englische Firma Penhaligon ein klassisches Veilchenparfum im Glasflakon.
Viola odorata 'Königin Charlotte': bald hundert Jahre alt, echt nur in einem jeansähnlichen Blau (rechts).

Hausmauer und verwandeln den nicht großen Garten dieser famosen Kennerin in ein außergewöhnliches Schatzkästchen. Seltene Schneeglöckchen oder der Austrieb des Farns *Polystichum* 'The King' begleiten die Veilchenblüte.

Von Brigitte Wachsmuth empfohlene Duftveilchen:

Viola odorata alba, Wildform, weiß, kleinblütig, kurzstielig
'Baronne Alice de Rothschild', Frankreich 1894, tiefblau, riesenblütig, langstielig
'Mademoiselle Armandine Pages', Frankreich 1900, blaß lachsrosa, blühwillig
'Königin Charlotte', Deutschland 1900, nur echt in einem jeansähnlichen Blau, enorm reichblühend, langstielig, beginnt im Herbst mit der Blüte
'Czar', Graham 1863, purpurviolett, mit langen Stielen
'Cœur d'Alsace', Millet 1916, kräftig lachsrosa, reichblühend
'Princesse de Galles' (Princess of Wales), Millet 1889, riesenblütig, violettblau, beste Sorte zum Schnitt
'Red Charm', 1955, rötlich lachsfarben

Kultur

Durchlässiger, reicher und sandiger Boden, im Sommer gern Sonne, aber immer mit Teilschatten.

Parmaveilchen – Viola suavis

Für manchen ist es noch immer das wunderbarste aller Veilchen, wie kein anderes süß duftend, mit seinen gefüllten Blüten die kleine Schwester der Gardenie, eine Schönheit von geheimnisumwitterter türkischer, syrischer, russischer Vergangenheit. Seine größten Auftritte hatte es in jener noch nicht elektrifizierten, von Kerzenlicht erhellten Zeit der noblen Bälle und eleganten Toiletten. Es wärmte sich, zu kleinen Buketts gebunden, am Ausschnitt junger Damen in Florenz und Paris oder ließ sich auf dem Muff tragen. Mitunter umringten Schneeglöckchen die Veilchen. Oder eine Kamelie prunkte in ihrer Mitte.
Eine ganze Industrie lebte in England, Frankreich und den USA von der Parmaveilchen-Mode. Allein in Rhinebeck am Hudson-River, von wo aus man die New Yorker Blumenmärkte innerhalb weniger Stunden erreichen konnte, wurde fast eine Million Pflanzen, größtenteils unter Glas, gezogen.
Mit dem Ersten Weltkrieg sank der Ruhm des Parmaveilchens. Sein süßer, schwerer Duft, die weichen gerundeten, weiblichen Blüten paßten schlecht zu fetzigem Jazz, Art déco und geradlinigem Pagenkopf. Schwierigkeiten mit Krankheitserregern bei der allzu intensiven Gewächshauskultur kamen hinzu. Und schließlich machten die neuen Heizungen in den Häusern auch den auf der Fensterbank gehüteten Pflänzchen den Garaus. Das Parma-

Rechte Seite Parmaveilchen: selten geworden und fast vergessen. Oben 'Marie Louise' und Duftveilchen 'Princess of Wales'. In der Mitte 'Mrs. J. J. Astor'. Unten noch einmal 'Marie Louise' und 'Comte Brazza'.

veilchen teilte das Schicksal der Kamelie. Es wurde unmodern und räumte seinen Platz erst allerhand Efeu- und Spargelblättrigem, später drallen Usambara- und Alpenveilchen.
Zum Schmeicheln und Schöntun sind Parmaveilchen im Garten keine Zier. Sie wachsen struppig, blühen unordentlich und entwickeln – ganz Kokotte – erst zurechtgezupft im Bukett ihren Charme. Wer sie pflegt, tut es wegen der wohlriechenden Blüte.
Parmaveilchen sind nur gut geschützt gartenfest. Im Winter brauchen sie kühle Temperaturen, nicht mehr als drei bis acht Grad Celsius. Sie sind zwar mit dem Schutz einer Cloche meist winterhart, werden aber in der Regel draußen im „Kalten Kasten" gehalten und können für die Blüte ins Haus geholt werden. Für gute Ergebnisse sollten sie nach der Blüte im Mai an einen halbschattigen Ort im Garten gepflanzt und im späten August in den „Kalten Kasten" oder ins Gewächshaus zurückgebracht werden. Düngen ist wie bei allen duftenden Veilchen wichtig: Osmocote beim Pflanzen einarbeiten, sonst Kompost- und Hornspäne, und alle vier bis fünf Wochen Gaben von flüssigem Volldünger, der über die Blätter aufgenommen werden kann.
Vermehrt werden die weitgehend sterilen Parmaveilchen vegetativ, am leichtesten durch bewurzelte Ausläufer, die man im Mai oder frühen Juni abnehmen kann. Diese Pflanzen werden im August eingetopft und ins Gewächshaus oder „Kalten Kasten" gebracht.

Wer Pflanzen kaufen will, hat es in Deutschland schwer. Empfehlenswerte Lieferanten sind im Augenblick nur die englischen Spezialgärtnereien „C. W. Groves & Son“ und die „Devon Violet Nursery“, die Pflanzen nach Deutschland verschicken. Auch Nachfragen bei Sammlern haben mitunter Erfolg.

Liste der heute noch vorhandenen Sorten, zusammengestellt von Brigitte Wachsmuth

‘Comte Brazza’ (‘Swanley’s White’), Brazza 1880, gefüllt, weiß mit bläulichem Schein
‘Duchesse de Parme’, 1870, gefüllt, lavendel
‘D’Udine’, Italien 1903, gefüllt, purpurblau
‘Hopley’s White’, neuere Sorte, gefüllt, weiß mit grünlichem Herz
‘Marie Louise’ (Bonaparte), mindestens seit 1830 bekannt, seit 1865 von Schuer, Baden, in alle Welt verteilt, gefüllt, mauve-lavendel, langstielig
‘Pallida Plena’ (Neapolitanisches Veilchen), gefüllt, älteste Sorte, blaßlila
‘Parme de Toulouse’ (‘Lady Hume Campbel’, ‘De Tolosa’, ‘Toulouse’), 1875, gefüllt, lavendelfarben

Kultur

Nahrhafter, humoser und wasserdurchlässiger Boden. Im Sommer leichter Schatten, im Winter gern sonnig.

Viola suavis 'Hopley's White': eine neuere Züchtung, weiß mit leicht cremefarbener Schattierung. Und 'Pallida Plena': das sogenannte Neapolitanische Parmaveilchen, die älteste Parmaveilchen-Sorte von allen.

Viola labradorica/Viola riviniana

Ein typischer Liebling der neunziger Jahre. Mit herzförmigen, dunkelviolett überlaufenen Blättern trifft es den Gruftie-Trend im Garten, reiht sich ein in die Garde düsterer Stauden wie den rot- bis schwarzblättrigen Sorten der *Aster lateriflorus*, *Cimicifuga* oder *Heuchera*. Doch anders als diese finsteren Gestalten ist das Veilchen ein freundlich anmutendes Geschöpf. Ungekünstelt, unkompliziert, unserem wilden Märzveilchen ähnlich, paßt es in die nach holländischer Manier naturähnlichen Gärten und ist ein trefflicher Gesell für ebenfalls schattenliebende *Helleborus*, kleine Farne wie *Adiantum venustum* oder *Athyrium niponicum* 'Metallicum'.
Viola labradorica bildet nicht nur kleine Horste, sondern gehört genauso wie *Helleborus foetidus*, *Alchemilla* und *Verbena* zu jenen liebenswerten Stromerinnen unter den Pflanzen, die durch Saat verbreitet im Garten umhertingeln und ihm damit erst jene nicht planbare Selbstverständlichkeit geben. Für Fans gibt es neben der dunkelblättrigen Art noch die zierliche 'Sidborough Puppet', keine acht Zentimeter hoch, mit dunkellila Blättern und kleinen blaulila Blüten im Frühjahr.

Kultur

Trockener guter Gartenboden, im Schatten bis Halbschatten.

Viola labradorica: ein Schätzchen für naturähnliche Gärten, unkompliziert und ausdauernd.

Stiefmütterchen – Viola tricolor, Viola x *wittrockiana*

Die abenteuerlichste Geschichte von allen Veilchen hat das Stiefmütterchen. Durch die Jahrhunderte schlüpfte es in immer neue Rollen, veränderte Gesicht und Gestalt und überlebte damit fast jede Mode. Selbst der größte Pflanzenignorant kennt heute die populärsten Zugehörigen dieses Veilchengeschlechts: die Schweizer Riesen, die wie die Ostereier in den Vorfrühlingsgarten gehören und ihre bunten Riesengesichter schon in die schwache Märzsonne drehen, wenn sich so mancher Wintermüde in die Südsee träumt.
Das Stiefmütterchen duftet nicht. Damit fehlt ihm eine spezifische Veilcheneigenschaft, was ganz natürlich Anlaß zum Märchenerzählen gab. Heinrich Marzell, der in den zwanziger Jahren die bayerische Volksbotanik notierte, fand folgende Geschichte: Das Ackerstiefmütterchen, das man früher schönes Kornblümlein nannte, „hatte einen so herrlichen Duft, daß ihm keines auf der ganzen Erde zu vergleichen war. Dieses lieblichen Geruches wegen pflückten es die Leute in den Kornäckern und traten dabei das Getreide nieder. Da sprach das ‚schöne Kornblümlein‘: ‚O heilige Dreifaltigkeit! Nimm mir den schönen Geruch, damit das liebe Korn nicht wegen mir zertreten wird.‘ Die heilige Dreifaltigkeit sprach: ‚Weil du nicht hochmütig bist, so sollst du zwar nicht mehr riechen, aber du

sollst dafür unseren Namen tragen.‘ Daher heißt man die Blume das heilige Dreifaltigkeitsblümlein.“
Wie Korn und Klee und Erdbeere gehörte das Stiefmütterchen zum alltäglichen Leben der Menschen. Wie nahe es ihnen war, beweisen seine vielen Spitznamen: Christusauge, Freisamkraut (weil der Physicus mit ihm Milchschorf und Krämpfe heilte), Denkblümchen, Dreifaltigkeitsblume, Engelliebele, Fratzengesicht, Herrgottsblümli, Hungerkraut (weil es saure und magere Böden anzeigt), Mädchenauge, Marienstengel (weil es auf etlichen Heiligenbildern neben der Muttergottes steht), Menschengesicht, Pfaffenschnalle, Samtblume – und das sind nur einige Beispiele. Weitere Namen führt Friedrich Dietert in seinem 1952 erschienenen Buch „Das Gartenstiefmütterchen“ an.
Seinen heute gebräuchlichsten Namen bekam das Ackerveilchen von einem Anonymus, dem sein recht griesgrämiges Gesicht aufgefallen war. Er taufte es kurz vor Ausbruch des Dreißigjährigen Kriegs auf den Namen Stiefmütterchen und erfand dazu das Märchen von der garstigen Stiefmutter, die ihre Stieftöchter zwang, schmucklose Kleider zu tragen und denselben Hocker zu teilen, während sie mit ihren eigenen Töchter prächtig gewandet vor ihnen saßen, jede auf ihrem Stuhl.
So fristete das Stiefmütterchen, fromm, hilfsbereit und mitunter etwas vergrätzt, sein Dasein, bis zu Anfang des 19. Jahrhunderts

Viola x *williamsiana* 'Vier Jahreszeiten': gesund, flachwachsend, ein lange blühender Bodendecker (Kees Sahin).

Viola x *wittrockiana* 'Hilmar Riesen': sehr früh- und herbstblühend (Hild, Marbach am Neckar).

englische Gärtner ganz andere Tugenden an der Wald-und-Wiesen-Cinderella entdeckten.

Was nun folgt, gleicht einem Hollywood-Dramolett. Die Handlung begann in dem hübschen Dörfchen Iver in Buckinghamshire. Man schrieb das Jahr 1813. An einem Morgen im Mai brachte Lord Gambier seinem Gärtner Thompson einige weißgelbe Stiefmütterchen, die er um Iver herum gefunden hatte, mit der Bitte, sie zu kultivieren. Seinem Herrn gern zu Diensten, pflegte Thompson die wilden Blümchen, säte sie aus und sammelte, schon bald von der Züchterleidenschaft angesteckt, alle Veilchen, die er bekommen konnte. Er kreuzte munter drauflos und hatte bald eine Vielzahl unterschiedlichster Zöglinge. Zwar waren die noch ebenso kleinblütig wie ihre ungezähmten Eltern. Aber Lord und Lady waren zufrieden. Und wer immer die Veilchen-Kollektion sah, lobte sie in höchsten Tönen. So vom Wert seiner Arbeit überzeugt, taufte Thompson sein schönstes Veilchen 'Lady Gambier'. Dieses erste mit Namen genannte Stiefmütterchen war, wie Thompson in seinen Gärtnererinnerungen später erzählte, „so symmetrisch wie die Windmühle eines Kindes“, eher pferdeköpfig und noch ein Zwerg im Vergleich zu seinen Nachkommen.

Was Thompson begann, wurde zur Mode unter Großbritanniens Gärtnern. Innerhalb von nur dreißig Jahren stylten sie das hagere, langgesichtige Veilchen-Geschöpf zum Showgirl, dem „Show-Pansy“ (Pansy vom französischen la pensée, der Gedanke). Auf einem schmalen, steilen Karriereweg stieg das Naturkind in den Olymp der Blumen-Göttinnen auf, kämpfte neben Tulpe, Nelke und Aurikel um floristische Pokale. Die Wettbewerbsregeln, 1841 festgeschrieben, waren grausam. Zur Performance zwangen die Schönheitsrichter den Stiefmütterchenkopf auf ein kreisrundes Papier. Jedes Blütenblatt mußte den Radius berühren, keines durfte darüber hinausragen. Eben und glatt mußten die Blumengesichter sein, die Farbe monochrom. Unangefochten herrschten Juroren, die „kein Auge, kein Hirn, kein Herz mehr haben, statt dessen Kompasse, um einen perfekten Zirkel zu beschreiben“, wie Englands Gartenautorität Gertrude Jekyll klagte.

Gegen Ende der sechziger Jahre kam aus Frankreich Konkurrenz: das „Fancy Pansy“, ein geflammtes, mit Schönheitsflecken versehenes Stiefmütterchen. Die britische Show-Pansy-Liga empörte sich über den „French rubbish“. Doch sie mochte hetzen und klagen, wie sie wollte, das goldene Zeitalter ihrer Plattgesichter war vorüber. Nicht eines von ihnen hat bis in unsere Zeit überlebt.

Heute inszenieren Designerinnen und Interieurspezialisten wie Tricia Guild und Terence Conran den Lifestyle. Sie bestimmen die Hitliste der Trendblumen und transportieren mit Zinnien, Gerbera und Kapuzinerkresse toskanisches Dolce vita in Londoner Lofts, mit

Viola x *wittrockiana* 'Pirnaer Lilienstein': Pirna bei Dresden war früher eine Hochburg der Stiefmütterchen-Zucht. Dort wurden frühblühende und lange ausdauernde Freilandstiefmütterchen gezüchtet. 'Pirnaer Lilienstein' gehört zu den alten Sorten, die heute noch von der Firma Chrestensen in Erfurt und dem Quedlinburger Saatzuchtbetrieb vermehrt werden.

Viola x *wittrockiana* 'Vorfrühling': eine alte Sorte, frühblühend und kleinblütig.

Viola x *wittrockiana* 'Rogglis Riesen', intensiv leuchtend, riesenblumig und mittelfrüh.

Viola x *wittrockiana* 'Skyline'.

Folgende Doppelseite
Viola x *wittrockiana* 'Vorfrühling'.

Viola x *wittrockiana* 'Curly Locks': ein auf der Basis der alten Germania-Riesen und amerikanischen Butterfly-Sorten gezüchtetes Rokoko-Stiefmütterchen.

Viola x *wittrockiana* 'Trimardeau Cardinal': eine alte, kleinblütige und frühblühende Sorte.

Rechte Seite Stiefmütterchen-Stammbaum: Langgezogen wie ein Pferdeschädel sah das wilde Ackerstiefmütterchen aus. Auf Rundgesichtigkeit haben es erst Gärtner getrimmt. Unten ein Show-Pansy von 1870 und ein Fancy Pansy von 1910.

Wildrosen und Lavendel provençalisches Savoir-vivre in Hamburger Apartments. Das Stiefmütterchen hat von ihnen neue Aufgaben bekommen. Fein und klein ist es wieder geworden, veilchenhaft zierlich. Nicht vor Lebensgier platzend, sondern liebenswert old-fashioned. Und wie bei den Designern ist auch bei ihm die zur Zeit schickste Modefarbe fürs Kostüm ein tiefes, ernstes Schwarz.
Oder knallbunt. Die munteren, drallen Stiefmütterchen, die viel zu lange aufgeputzt wie Dorfschöne für nicht viel mehr als tolpatschige Laienaufführungen auf Bahnhofsplätzen und in Vorgärten herhielten, sind in den letzten Jahren in die Hände geschickterer Regisseure gelangt. In London zum Beispiel, in dem kleinen Kirchgarten neben der Westminster Abbey, gleich wenn man über den Zebrastreifen vom Big Ben herüberkommt, konnte man im frühen April 1997 zwischen gelbpanaschierten Euonymusranken, zwischen dicken, hellgrünen Hortensienblättern bunte Stiefmütterchen blühen sehen, gemeinsam mit roten und gelben einfachen Tulpen, mit Goldlack und Vergißmeinnicht: ein buntgemischtes Frühlingsvarieté und Beispiel einer neuen impressionistischen Pflanzweise.

Kultur

Zweijährig. Im Spätsommer ausgesät, blühen manche der neuen Sorten schon im Winter. Brauchen guten Gartenboden und Sonne.

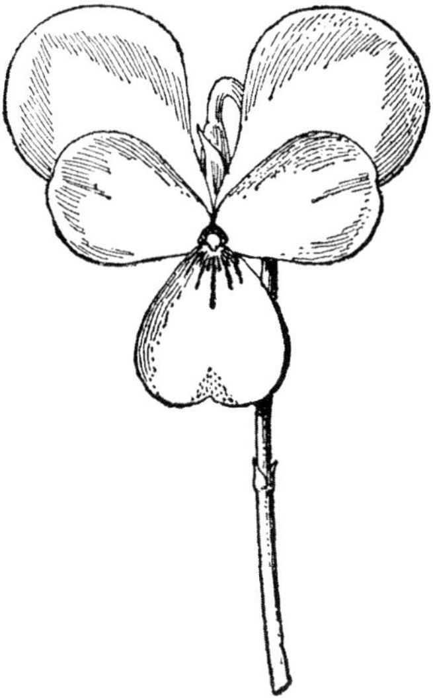

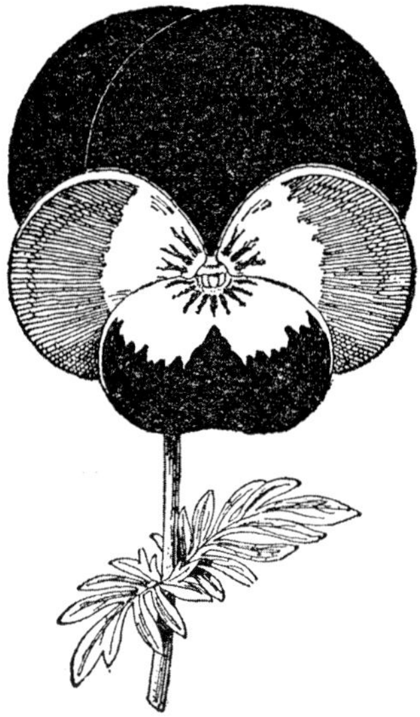

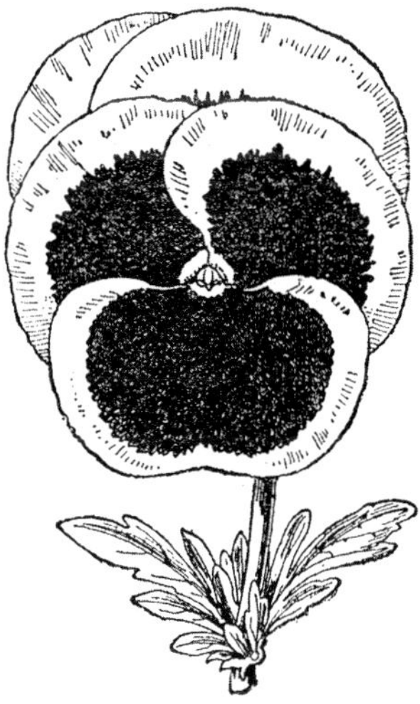

Viola x *williamsiana* 'Nimrod': eine alte englische Gartensorte und eine der wenigen begehrten roten Sorten unter den kleinblütigen Williamsiana-Hybriden.

Viola x *wittrockiana* 'Schweizer Riese Brünig': mittelhoch, spätblühend (Roggli).

Pflanzen von Stiefmütterchen

Einer der vielen volkstümlichen Namen der *Viola tricolor* ist „Hungerkraut", denn es zeigt magere Böden an. Auch andere Vorfahren des heutigen Gartenstiefmütterchens wie *Viola altaica*, *V. arvensis* oder *V. lutea* stammen aus kargen Gegenden. Auf Hochleistung getrimmt, gewöhnte sich das Stiefmütterchen allerdings an ein Leben im Schlaraffenland. Zehn Verhaltensregeln im Umgang mit den drallen Frühjahrsblüherinnen sollte man beachten, um gute Ergebnisse zu erzielen:

- Stiefmütterchen sind in der Regel zweijährig. In dem einen Jahr ausgesät, blühen sie im nächsten. Die besten Startchancen haben Jungpflanzen, wenn sie im Herbst in ihr Beet einziehen können. Das gelingt nur, wenn Sie ihre Stiefmütterchen selbst aussäen, denn bisher bieten Gärtnereien hierzulande Pflanzen erst im Frühjahr an.
- Gute Plätze sichern langes Ausharrungsvermögen. Stiefmütterchen mögen die März- und Aprilsonne. Später, in allzu großer Mai- oder Junihitze, machen sie schlapp. Aber sie können mehr, als nur ein paar Wochen die Frühjahrskübel zieren. Sollen sie bis in den Sommer hinein blühen, brauchen sie deshalb Nachbarn, die so viel Schatten spenden, daß der Boden nicht austrocknet. Je großblütiger die Stiefmütterchen, desto kühler wollen sie es haben.

- Boden zwei bis drei Wochen vor dem Pflanzen tief umgraben, Kuhmist, Kompost oder Laubhumus einarbeiten.
- Direkt vor dem Pflanzen den Boden fest antreten oder walzen: Stiefmütterchen mögen keinen schwammartigen Untergrund.
- Stiefmütterchen wollen außerdem engen Bodenkontakt. Pflanzen tief genug (Blattkrone direkt über der Erdoberfläche) setzen, Boden fest andrücken. Angießen.
- Blühen kostet Energie. Wie Schwerstarbeiter brauchen die Stiefmütterchen deshalb Kraftfutter. Spendieren Sie ihnen eine neue Mulchschicht im Frühsommer oder monatlich etwas Flüssigdünger.
- Bei Wärme und Trockenheit häufig gießen.
- Pflücken Sie sich Stiefmütterchensträuße. Probieren Sie Gertrude Jekylls Empfehlung und nehmen Sie ganze beblätterte Stengel, nicht nur die nackten Blütenstiele. Die zierlichen Blumen halten gut acht Tage in der Vase. Der Stiefmütterchenpflanze tut diese Art von Zurückschnitt gut.
- Stiefmütterchen sind Workaholics. Man muß sie zur Ruhe zwingen. Seien Sie rabiat und knipsen Sie im ganzen Stiefmütterchenbeet alle Blüten und sich öffnenden Knospen ab. Die freundlichen Geschöpfe danken es Ihnen mit einem neuen, kräftig gleichmäßigen Flor nicht einmal zwei Wochen später.
- Pflichtübung: Verblühtes sofort auskneifen. Das Bilden von Saat kostet die Pflanzen viel

Folgende Doppelseite Farbgärtnerei mit hellgelb, graugrün und weiß panaschierten Blättern: *Viola* x *wittrockiana* ‘Zitronenfalter’, *Aegopodium podagraria* ‘Variegatum’ (panaschierter Geißfuß), *Artemisia* und *Helichrysum* ‘Limelight’.

Pferdekur für ausgepowerte Stiefmütterchen.

Kraft. Um Saat zu ernten, ließen die frühen Stiefmütterchengärtner im Spätsommer nicht mehr als zwei, drei Saatkapseln an ausgesuchten Pflanzen stehen. Heute lohnt sich das kaum. Stiefmütterchensaat kostet wirklich nicht viel.

Pflanzen von Veilchen

Staudengärtnereien bieten Veilchen als ausdauernde Pflanzen an. Schnell sind für eine Kiste mit 'Luisas' und 'Lucas', 'Columbines' und 'Emmas' über hundert Mark ausgegeben. Aber wer glaubt, nun einen Schatz im Garten sicher zu haben, täuscht sich. Die Kleinen halten nicht viel von Treue. Zwei, drei, mit Glück vier Jahre, und weg sind sie. Manche von ihnen haben sich ausgesamt und tauchen hier oder dort bastardisiert und mit ganz anderen Blütengesichtern wieder auf (die wenigsten Sortenveilchen fallen echt aus Samen). Mangelnde Kenntnis hat die Cinderellas wieder zu Aschenputteln gemacht. Dabei ist die Pflege der Veilchen höchst unkompliziert. Es gelten die gleichen Schönheitsrezepte wie für Models und Starlets: frische, saubere Luft, gutes Essen, reichliche Erfrischungen, im Sommer Schatten, im Winter Sonne. Zehn Tips, um die Lebenszeit der Schönchen zu verlängern:

- Veilchen sind nicht wählerisch. Als Faustregel gilt: Schaffen Sie im Garten Bedingungen, die denjenigen an ihren natürlichen Standorten (was bei Wildveilchen sehr unterschiedlich sein kann) ähneln, und sie werden sich wohl fühlen. Wenn die Wurzeln feucht genug bleiben, halten Veilchen sogar volle Sonne aus, was sie zu idealen Kandidaten für den Ritzengarten zwischen Steinplatten macht. Sonne läßt die Veilchen reicher blühen und kräftigere Blätter ausbilden. Am liebsten ist den zierlichen Blumen jedoch ein teilweise schattiges Plätzchen. Kein totaler Schatten, denn dort werden sie bleich und dürr und überleben nur knapp, ohne zu blühen. Profitieren können Veilchen von der bukolischen Gesellschaft im Küchengarten. Wo Gemüse gedeiht, wachsen auch sie willig, und neben höher werdenden Kräutern oder neben Johannis- und Stachelbeersträuchern finden sie den nötigen Sonnenschutz. Zu den traditionellen Veilchenplätzen gehört der lichte Frühjahrsschatten unter Obstbäumen.

- Der perfekte Boden für Gartenveilchen hat einen pH-Wert von 5.5–7 (ein mittlerer, leicht saurer Wert auf der pH-Skala von 1–14) und ist nahrungsreich, feucht und gut drainiert. Doch Veilchen wachsen auf der kalkhaltigen Erde von Weimar genauso wie in norddeutschen Rhododendrongärten. Sie tolerieren viel, wenn der Boden nicht zu sauer oder alkalisch wird.
- Boden tief umgraben und Kuhmist einarbeiten, das hält ihn feucht und kühl. Auch die Zugabe von Blatthumus ist gut. Am besten eignet sich Eichenblatthumus aus dem Wald

oder dem Park. Aber Veilchen nehmen auch mit dem gemischten Kompost aus Gartenabfällen vorlieb, wenn er gut zersetzt ist, oder mit den Resten aus einem alten Mistbeet. Was immer Sie wählen, sollte tief eingegraben werden, bevor die Veilchen ihr Beet beziehen. Veilchenwurzeln können dreißig Zentimeter und mehr in die Tiefe reichen.

- Beete nicht mit fettem Mist füllen, sonst bilden die Veilchen nur viele Blätter und wenige kleine Blüten.
- Keinen Kalk, keine Holzasche und keine Pferdeäpfel verwenden.
- Fest einpflanzen, Blätter dicht an der Oberfläche. Das Herz der Pflanze darf nicht unter die Erde geraten.
- Nicht zu früh Unkraut jäten. Die Pflanzen müssen sich erst etablieren. Warten Sie etwa einen Monat.
- Zu den Klassikern gehören Kombinationen von weißen Tulpen (die schönste von allen 'White Triumphator') mit hellblauen Veilchen (etwa die nach Vanille duftende 'Maggie Mott') oder Wildnarzissen (Jonquillen oder Cyclamineus- und Triandrus-Narzissen), Ton in Ton mit gelben Veilchen. Die Vorbereitungen, die Sie für die Zwiebelpflanzen treffen (Beigabe von Hornspänen oder Steinmehl), bekommen auch den Veilchen gut.
- Auch Veilchenhügel sind ein traditionelles Gartenmotiv. Setzen Sie die Pflanzen dafür

Klassiker: Tulpen und Stiefmütterchen – eine praktische Frühlingskombination. Wenn die Tulpen verblüht sind und aus dem Beet genommen werden, wachsen die Stiefmütterchen über die entstehenden Lücken hinüber.

18–22 Zentimeter weit auseinander. Wenn sie gesund sind, verzweigen sie sich schnell und füllen den anfänglichen Leerraum aus.

- Im Frühjahr mit Plantosan oder Osmocote düngen, im Sommer monatlich eine Gabe Flüssigdünger (zum Beispiel Wuxal) spendieren – das ist besonders auf armen Böden wichtig. Vor der Wahl des Düngers besser immer erst eine Bodenprobe vom örtlichen Beratungsdienst machen lassen.

Betrifft nur Hornveilchen und den Sommer durch blühende Veilchenhybriden:

- Wenn blühende Veilchen umgesetzt werden müssen, alle Blüten und Knospen entfernen, so daß die Pflanze sich in Ruhe neu etablieren kann. Mit soviel Erde wie möglich verpflanzen.
- Pflanzen, die sich im Blühen erschöpft haben und schütter werden, bis auf 5–8 Zentimeter über dem Boden zurückschneiden. Die Veilchen danken Ihnen die drastische Maßnahme und blühen in weniger als einem Monat wieder.
- Morris May, ein englischer Veilchenspezialist, empfiehlt, die Pflanzen auch im Herbst zurückzuschneiden, damit sich in den Wintermonaten kein Ungeziefer einnistet.
- Pflanzen durch Teilen verjüngen. Jeweils zwei bis drei Blattkronen beieinander lassen. Den überalterten Pflanzenteil kompostieren.

Zweckgemeinschaft: *Viola cornuta* und *Origanum vulgare*. Der Küchengarten ist ein traditioneller Veilchenplatz, wo die alte Arzneipflanze (in der Regel *Viola odorata*) gemeinsam mit anderen Heil- und Gewürzkräutern wie Minzen, Salbei oder Ringelblumen wächst.

Sondermaßnahmen für Parmaveilchen und die empfindlichen großblumigen Duftveilchen:

- Den Sommer über in nach Norden oder ostwärts gerichtete Beete pflanzen, während des Winters in einen nach Süden ausgerichteten „Kalten Kasten“ umbetten. Es schadet nicht, wenn der Boden durchfriert; wichtig ist, daß er nicht austrocknet. Faustregel: Sonne im Winter ist wichtiger als Schatten im Sommer.
- Duftveilchen können von einer Cloche oder einer Strohschütte geschützt auch im Freien überwintern. Parmaveilchen eher wie Kalthauspflanzen behandeln.
- Blühende Parmaveilchen ins Haus nehmen, an ein kühles Fenster stellen. Nach der Blüte so schnell wie möglich wieder rausbringen.
- Parmaveilchen blühen nur, wenn die Temperatur stimmt; meist bei drei bis acht Grad. Das kann in kalten Wintern im November sein oder, wenn es mild bleibt, erst im Januar. Wird es – etwa im Oktober – an ihrem Standort zu warm, bilden sich schon früh getriebene Knospen wieder zurück. Deshalb immer kühl stellen.
- Was Ausläufer betrifft, scheiden sich die Geister. Der Tradition verhaftete Gärtner meinen, daß sie die Hauptpflanze zu viel Kraft kosten. Sie raten, bei Bedarf höchstens zwei oder drei Ausläufer pro Pflanze für neue Veilchenbeete (oder um der Gartenfreundin Pflanzen schenken zu können)

stehenzulassen (etwas zusätzliche Erde über die Ausläufer geben, damit sie leichter Wurzeln bilden). Brigitte Wachsmuth hingegen, eine Kennerin, läßt Ausläufer gern über den Topfrand hinüberklettern, was vor allem bei dem struppigen Wachstum der Parmaveilchen üppiger und gefälliger aussieht.

Folgende Doppelseite
Gekonnter Mix aus kleinen Blüten und kleinen Blättern, kühlem Graugrün und Wasserblau: *Viola cornuta* 'Boughton Blue' und *Veronica* subsp. *Teucrium*.

Aussaat (Stiefmütterchen, Hornveilchen, Duftveilchen)

Es ist fast ein Kinderspiel, Stiefmütterchen auszusäen, da enttäuscht es um so mehr, wenn die Aussaat von Pfingst- oder Duftveilchen nicht gelingen will. Veilchen sind Anpassungskünstler. Für ihre verschiedenen Lebensräume haben sie diverse Überlebenstechniken ausgebildet. *Viola cornuta* zum Beispiel gehört zu den Schnellkeimern, *Viola sororia* und *Viola odorata* dagegen sind Kaltkeimer, d. h. die Aussaat muß erst zwei bis vier Wochen warm, dann vier bis sechs Wochen kalt stehen. Gute Saathändler geben dazu detaillierte Anweisungen in ihren Katalogen. Zum erfolgreichen Start hier zehn allgemeine Empfehlungen für eine sichere Aufzucht:

- Stiefmütterchen: im Juli oder frühen August aussäen, wenn die Pflanzen im März blühen sollen, im Februar für die Sommerblüte. Aussaatbeete nicht breiter als 1,5 Meter anlegen.
- Veilchen: im Winter nicht zu früh aussäen.

Wenn die jungen Sämlinge lange auf das Auspflanzen warten müssen, wachsen sie aus und beginnen zu kümmern.

- Kaltkeimer von November bis Januar aussäen. Im Freiland ist es bis in den April hinein kalt genug für die notwendige Kälteperiode (obere Grenze plus vier Grad Celsius). Wenn möglich, Kaltkeimer im Freien mit Schnee bedecken.
- Als Aussaatgefäße taugen Holzkisten, alte Joghurtbecher mit Loch im Boden, alles, was einen Abfluß nach unten hat. Am besten sind Tongefäße, denn sie speichern die Feuchtigkeit. Für eine gute Drainage sorgen und Tonscherben oder Kies als unterste Schicht in den Topf geben. Die Aussaaterde darüber muß mindestens 5 Zentimeter hoch und unbedingt mager sein. Zum Beispiel TKS1 (Torfkultursubstrat) mit einem Drittel Sand versetzen. Niemals Blumentopferde nehmen. Aussaatgemisch andrücken. Oberste Schicht sieben. Vor dem Aussäen gut durchwässern und abtrocknen lassen. Extratip: Aussaatgefäß bis 1/2–1 Zentimeter unter dem Rand mit Erde füllen. Keimlinge, die im Schatten des Topfrandes aufwachsen, werden geil und fallen um.
- Saat so hoch mit Erde bedecken, wie das Saatkorn dick ist. Aussaattermin notieren. Nur so können Sie den Erfolg kontrollieren.
- Niemals zu dicht säen. Eng auflaufende Sämlinge konkurrieren miteinander ums

Licht und werden geil. Pilzkrankheiten machen sich leichter breit. Sehr feinen Samen mit einem gefalzten Blatt Papier auf die Aussaaterde streuen, dabei kann man den Samenablauf vom Papier besser kontrollieren. Oder mit dem Finger in die Saat tupfen und die Körnchen, die kleben bleiben, auf die Aussaaterde krümeln.

- Oberstes Gebot: die Aussaat ständig leicht feucht halten – aber nicht naß. Ist die Erde gerade in der halben Stunde ausgetrocknet, in der der Keimling durch die Schale bricht, war alle Mühe umsonst. Eine gleichmäßige Temperatur von plus 18 Grad Celsius ist ideal (bei Kaltkeimern: zwei bis vier Wochen warme Periode mit plus 18 bis 22 Grad Celsius, dann vier bis sechs Wochen bei minus 4 bis plus 4 Grad). Aussaattöpfe (etwa mit *Viola odorata*), die draußen stehen, in einer leicht schattigen Ecke bis zum Rand in die Erde versenken. Bei Tongefäßen reguliert sich die Feuchtigkeit dann fast von selbst.
- Nach dem Keimen Aussaat so hell wie möglich stellen, jedoch nie in die volle Sonne.
- Wenn sich das erste oder zweite Blattpaar gebildet hat, pikieren, d. h. Pflanzen in nahrhafter Erde vereinzeln. Nach dem Pikieren kurz angießen, damit sich die Erde um die Wurzeln schließt. Wurzeln immer senkrecht ins Pikierloch geben.
- Die alten Gärtner säten selbstgesammelte

Saat bis Anfang September am liebsten frisch aus. Nach dieser Zeit in einer Papiertüte trocken aufheben.

Vermehren mit Stecklingen

Jedes Veilchen kann durch Stecklinge vermehrt werden. Unerläßlich ist es nur bei der Veilchenaristokratie mit langen züchterischen Stammbäumen, die entweder die Fähigkeit, Saat anzusetzen, verloren haben (besonders großblumige Duftveilchen und Parmaveilchen) oder nicht echt aus Saat fallen. Ein scharfes Messer, Töpfe mit Vermehrungssubstrat, Beherztheit und ein guter Segen fürs Gedeihen, viel mehr Rüstzeug braucht der Gärtner nicht für die Stecklingsvermehrung. Zehn Schritte zum Erfolg:

- Stecklinge können von Mai an bis in den September hinein genommen werden, vornehmlich nach der Blüte. Am besten gedeihen sie im Frühjahr und Herbst. Im Sommer müssen sie sorgfältig beobachtet werden.
- Töpfe vorbereiten: Vermehrungssubstrat, z. B. TKS1 (1:1), gut andrücken, vor dem Stecken wässern, nach dem Stecken in den lichten Schatten stellen. Ähnliches gilt für ein Stecklingsbeet: nach Norden oder Osten gelegene kühle Gartenecke auswählen. Boden tief umgraben, ein Kompostgemisch aus Lehm, Humus, grobem Sand einarbeiten. Mit einem Holzbrett oder der Schaufel

gut andrücken. Zwei Stunden, bevor die Stecklinge gesetzt werden, wässern.

- Schilder mit dem Namen des Veilchens beschriften, bevor Stecklinge genommen werden. Unser Gedächtnis ist viel kürzer, als wir glauben wollen.
- Stecklinge nur von starken, gesunden Pflanzen nehmen. Sorgfältig den richtigen Pflanzenabschnitt wählen. Kräftige blütenlose, niemals hohle Stiele wählen. Hat die Pflanze nur ausgewachsene, unbrauchbare Stengel vier Wochen bevor die Stecklinge genommen werden sollen, Pflanze bis 5–8 Zentimeter über dem Boden zurückschneiden, dann wachsen die nötigen neuen Triebe nach.
- Steckling mit einem scharfen Messer fünf bis sieben Zentimeter lang, direkt unter einem Blattgelenk mit ziehendem Schnitt (Messer, nicht Pflanze bewegen) abtrennen.
- Blätter von den beiden darüber liegenden Gelenken entfernen, Blattschopf stehenlassen.
- Mit einem etwa bleistiftdicken Hölzchen ein Loch in die Pflanzfläche drücken. Wichtig: Das Loch für den Steckling nicht tiefer als benötigt machen (nicht mehr als zwei Zentimeter), um das sogenannte „hanging“ zu vermeiden. Wenn unter dem Steckling ein Hohlraum entsteht, fault er und wächst nicht an. Ein Gärtnertip: Dort, wo die Stecklingslöcher in die Erde gedrückt werden sollen, eine Spur hellen Sandes aus-

Nur der richtige Schnitt bringt den Erfolg.

streuen. Der wird mit dem Hölzchen heruntergedrückt. So kann man die Tiefe des Loches kontrollieren. Ein anderes Erfolgsgeheimnis: Die Stecklinge so fest andrücken, daß sie kaum noch herausgezogen werden können.

- Gut angießen. Kanne mit feiner Brause verwenden.
- Stecklinge im „Kalten Kasten“ vor heftigem Regen und direkter Sonne schützen, aber den Kasten nicht total abschließen. Für Luftzirkulation sorgen, um das „damping off“, eine stehende warme Feuchtigkeit, zu vermeiden. Alle Veilchen wollen frische Luft.
- Als Faustregel gilt: Nach drei bis vier Wochen haben sich die Stecklinge bewurzelt und können zur Zwischenkultur in einen Topf mit nahrhafter Einheitserde umziehen. Einige Wochen später (oder wenn der Stecklingstopf durchwurzelt ist) können sie in den Garten gepflanzt werden.

Das Pflanzenhäuschen an der Hauswand: Rahmen für eine Veilchensammlung.

Feiner Salat, frischer Sirup: zehn Rezepte für die Veilchenküche

Eine der schönsten Veilchengeschichten erzählt die Journalistin Gabriele Tergit in ihrer „Kleinen Geschichte der Blumen“: Zur Zeit des Ancien Regime widmete sich ein Edelmann dreißig Jahre seines Lebens der Veilchenzucht, nur um einer tief verehrten Schauspielerin tagtäglich ein Veilchenbukett übersenden zu können. Die so hofierte Dame erwiderte die Zuneigung, indem sie des Abends den Veilchen die Blüten abzupfte und zum Tee aufbrühte – ein Hinweis nicht nur darauf, daß die Liebe stets durch den Magen geht, sondern daß diese Dame auf ihre Gesundheit zu achten wußte.
Denn Veilchen enthalten mehr Vitamin C als die meisten Gartengemüse, die Blätter sogar mehr als die Blüten. Köche des 15. Jahrhunderts nutzten sie für Salate, Soßen und Suppen. Auch Pfannkuchen und Omelett lassen sich mit Veilchenblütenblättern verfeinern oder garnieren, Öl und Essig aromatisieren. Gegessen werden können alle wilden und kultivierten Veilchensorten. Zum Kochen immer Glas-, Emaille- oder Porzellangeschirr benutzen. Nur ungespritzte Pflanzen verwenden.

Veilchen trocknen

Nur Blüten pflücken, die im Schatten wachsen, mit kaltem Wasser gründlich waschen und vorsichtig abtupfen. Blütenblätter auf ein mit einem Tuch abgedecktes Tablett legen, so daß kein Blatt das andere bedeckt. Mit einem zweiten Tuch abdecken und zum Trocknen in den Schatten stellen. Vor Sonnenlicht und direkter Hitze schützen. Wenn die Blütenblätter auf Fingerdruck zu krümeln beginnen, in einen fest verschließbaren Behälter tun und an einem warmen, trockenen Platz aufheben.

Veilchentee

Läßt sich aus frischen oder getrockneten Blütenblättern zubereiten. Mit kochendem Wasser übergießen, fünf Minuten ziehen lassen, abgießen. Mit Honig, Zucker oder Zitrone abschmecken.

Veilchensirup

Herzustellen aus frischen blauen Blüten, von denen man die grünen Kelche abgezupft hat. Vier Tassen gewaschene und trockengetupfte Blütenkronen in einen fest verschließbaren Behälter geben, mit kochendem Wasser übergießen, bis sie bedeckt sind, fünf Minuten abkühlen lassen. Gefäß verschließen, 48 Stunden stehenlassen, abgießen. Das Veilchenwasser in einen gläsernen oder emaillierten Kochtopf geben. Für jede Tasse Flüssigkeit zwei Tassen Zucker hinzufügen. Knapp zum Kochen bringen, dann vorsichtig köcheln lassen, bis sich Sirup bildet (etwa zehn Minuten). In ein sterilisiertes Einweckglas geben, verschließen. Vor Gebrauch eine Woche an einem warmen Ort aufbewahren.

* Der Saft einer halben Zitrone verwandelt die blaue Farbe des Sirups in ein rötliches Purpur.
* Veilchensirup (drei- bis viermal täglich einen Teelöffel) diente früher als hustenlösendes Mittel für Kinder.
* Gibt Limonade Farbe und Geschmack.
* Läßt sich zu einem feinen Sorbet verarbeiten.

Veilchensorbet

Von Mohammed gepriesen: zwei Eßlöffel Veilchensirup, einen Teelöffel Zitronensaft und zerstoßenes Eis in ein Glas geben, mit Veilchen verzieren.

Kandierte Veilchen

Einen trockenen Tag abwarten, Zimmer mit gleichmäßig niedriger Luftfeuchtigkeit zum Arbeiten wählen. Eiweiß mit ein paar Tropfen Wasser verlängern. Superfeinen Zucker in eine Schüssel geben. Pinzette bereitlegen. Stiel so dicht wie möglich an der Blüte entfernen, grüne Kelchblätter abknipsen. Blüten waschen und vorsichtig trocknen. Eiweiß etwas aufschlagen und damit dünn und vorsichtig die Blütenblätter von allen Seiten einpinseln. Dann jede Blüte mit Hilfe einer Pinzette in den Zucker tupfen oder sie zügig damit bestreuen. Überschüssigen Zucker abschütteln und noch einmal dippen oder bestreuen. Wichtig ist, daß

Kandierte Veilchenblüten: dekoratives Zierwerk nicht nur für Süßes.

jeder Teil der Blüte mit Zucker bedeckt ist, denn der Zucker konserviert sie. Vorsichtig mit dem Gesicht nach oben auf ein Pergamentpapier legen, mit Hilfe einer Warmhalteplatte oder im Ofen bei 50 Grad und leicht geöffneter Ofentür trocknen. In einem luftdichten Behälter mit gewachstem Papier zwischen den Blütenschichten aufbewahren. Kandierte Veilchen halten sich etwa ein Jahr.

* Zur Tortenverzierung auf ein Gitterwerk aus Buttercreme setzen.
* Oder vor dem Servieren auf Hühnchenragout streuen.

Veilcheneis

Anderthalb Tassen Zucker, eine halbe Tasse Wasser, eine halbe Tasse Traubensaft und drei Tassen frische, saubere Veilchenblütenblätter zehn Minuten köcheln lassen. Abkühlen und abseihen. Saft von drei Zitronen hinzugeben, verrühren und sechs Stunden im Kühlfach gefrieren lassen. Mit frischen oder kandierten Veilchenblüten und -blättern servieren.

Veilchengemüse

Junge Veilchenblätter waschen und in Stücke zupfen. Mit wenig Wasser in einem bedeckten Topf köcheln lassen. Butter und vielleicht etwas Zitrone hinzufügen. Kann mit Beilagen wie Schinken, Eiern oder Zwiebeln serviert werden.

Duftveilchen: ein gesundes Kraut mit Vitamin-C-haltigen Blättern und würzigen Blüten.

Veilchen- oder Stiefmütterchenkuchen

Stiel knapp unter der Veilchen- oder Stiefmütterchenblüte abknipsen, grüne Kelchblätter abzupfen. Die Blüten waschen, vorsichtig trocknen und mit dem Gesicht nach oben auf Zitronentörtchen, Erdbeer- oder Aprikosenkuchen von frischen Früchten legen, bevor die Gelatineschicht aufgezogen wird.

Veilchenessig

Weiße oder blaue Duftveilchen pflücken und waschen. In einen Glasbehälter legen und mit Weinessig auffüllen. Etwas schütteln und drei Tage stehenlassen. Abgießen und in eine Flasche abfüllen.

Schokoladenerdbeeren mit Stiefmütterchenkonfetti

180 Gramm weiße Schokolade, 1,5 Teelöffel Margarine, 18 große Erdbeeren mit Stiel, 18 große Stiefmütterchen ohne Stiel und grüne Kelchblätter bereitlegen. Blüten hacken und klein zupfen. Weiße Schokolade und Margarine im Wasserbad schmelzen und 15 Minuten abkühlen lassen. In der Zeit ein mit Pergamentpapier ausgelegtes Tablett bereitstellen. Erdbeeren mit der Spitze in die Schokolade tunken. Überflüssige Schokolade ablaufen lassen und mit dem Konfetti bestreuen. Aufs Tablett legen, mit ganzen Blüten anrichten.

„Mein Zimmer duftet königlich fein,
Veilchenprinzessinnen zogen ein.
Schwärmen und wärmen mit weichblauen Augen …“
(Max Dauthendey)

SPEZIALISTEN UND VEREINE

Dr. Matthias Erben, Institut für Systematische Botanik der Ludwig-Maximilians-Universität München, Menzinger Straße 67, 80638 München, (Deutschlands Stiefmütterchen-Taxonom)

IVA – The International Violet Association, Informationen über Joan Yardley, Devon Violet Nursery, Ratterby, South Brent, Devon TQ10 9LG (wärmstens empfohlene Gesellschaft, 10 Pfund Beitrag, circa 200 Mitglieder, gibt die Zeitschrift „Sweet Times. A Journal for the Genus Viola“ heraus, veranstaltet ein jährliches Treffen)

Kees Sahin, Gerard Dou Straat 3, NL-2406 Alphen aan den Rijn, Tel. (00 31) 1 72-49 11 44 (bedeutender Stiefmütterchen-Kenner und -Züchter)

Rudolf-Roggli AG, Dorfstraße 37, CH-3652 Hilterfingen, Tel. (00 41) 3 32 43 23 23, Fax (00 41) 33 43 23 79 (Züchter der berühmten Schweizer Riesen)

Brigitte Wachsmuth, Im Drewer-Esch 13, 33613 Bielefeld (Spezialistin und Sammlerin von Parma- und Duftveilchen)

Richard Cawthorne, 30 Walnut Way, Swanley, GB-Kent BR8 7TW (bedeutender Veilchensammler)

HANDWERKSZEUG

Cloche als große Glashaube: Die Gartengalerie, Wössinger Straße 15, 75045 Walzbachtal 1, Tel. (0 72 03) 18 05, Fax 63 36. In viktorianischer Form mit Eisenverstrebungen bei: Küchengarten, Reinhold Krämer, Postfach 15 11, 73505 Schwäbisch Gmünd, Tel. (0 71 71) 92 87 12, Fax (0 71 71) 92 87 14

Dünger: Hermann Meyer, Halstenbeker Weg 100, 25454 Rellingen, Tel. (0 41 01) 4 90 90, Fax (0 41 01) 49 09 39

Gießkanne: Haws-Plastikkanne mit Sämlingsbrause über: Season, Ochsenkopf 2, 24340 Eckernförde, Tel./Fax (0 43 51) 72 04 40

Pflanzschilder: Richard Ward, Günztalstr. 22, 87733 Markt Rettenbach, Tel. (0 83 92) 16 46, Fax (0 83 92) 12 05

Stecklingsmesser: Tina Messerfabrik, Am Heilbrunnen 77-79, 72766 Reutlingen, Tel. (0 71 21) 49 15 34, Fax (0 71 21) 4 62 14

Vermehrungssubstrat TKS1: in jedem guten Gartenfachgeschäft

PARFÜM

Veilchenparfüm: Penhaligon's Ltd., P.O. Box 2888, GB-London N4 INH, Tel. (00 44) 18 18 80 20 50, Fax (00 44) 18 18 00 57 89 (liefert nach Deutschland)

GÄRTNEREIEN

Bouts Cottage Nurseries, Bouts Lane, GB-Near Inkberrow, Worcestershire WR7 4HP, Tel. (00 44) 13 86 79 29 23 (liefert nach Deutschland)

Devon Violet Nursery, Rattery, GB-South Brent, Devon TQ10 9LG, Tel./Fax (00 44) 13 64 64 30 33 (u. a. auch Parma- und Duftveilchen, liefert nach Deutschland)

C. W. Groves & Son, West Bay Road, GB-Bridport, Dorset DT6 4BA, Tel. (00 44) 13 08 42 26 54 (u. a. Parma- und Duftveilchen, liefert nach Deutschland)

Planta Vera, Lyne Hill Nursery, Farm Close, Lyne Crossing Road, GB-Chertsey, Surrey, KT16 0AT, Tel./ Fax (00 44) 19 32 56 30 11 (Morris May hat die über vierzig Jahre zusammengetragene Veilchensammlung von Richard Cawthorne übernommen, pflegt vor allem *Viola* der Sektion Melanium, hat begonnen, Duftveilchen zu sammeln, liefert auch nach Deutschland)

Dieter Gaissmayer, Jungviehweide 3, 89257 Illertissen, Tel. (0 73 03) 72 58, Fax (0 73 03) 4 21 81

Jürgen Peters, Alpine Raritäten, Auf dem Flidd 20, 25436 Uetersen, Tel. (0 41 22) 33 12, Fax (0 41 22) 4 86 39 (baut ein größeres Veilchensortiment auf, vor allem auch Wildsorten)

Staudenkulturen Stade, Helmut Stade, Beckenstrang 24, 46325 Borken-Marbeck, Tel. (0 28 61) 26 04, Fax (0 28 61) 6 51 36

De Hessenhof, Hessenweg 41 NL-6718 TC Ede, Tel. (00 31) 3 18 61 73 34 (u. a. *Viola cornuta*)

Eleonore de Koning, Kruipuitsedijk 3, NL-4436 RC Oudelande, Tel. (00 31) 1 13 54 40 06 (hat den Veilchenanbau so gut wie aufgegeben; kleines Extragärtchen um *Viola* „Irish Molly")

Coen Jansen, Ankummer Es 15, NL-7722 RD Dalfsen, Tel. (00 31) 5 29 43 40 86, Fax (00 31) 5 29 43 31 24 (nur zehn Veilchensorten, sehenswerte Gärtnerei, liefert ab einem Minimumauftragswert von 150 Gulden)

SAATHÄNDLER

N.L. Chrestensen, Erfurter Samen- und Pflanzenzucht

GmbH, Witterdaer Weg, 99092 Erfurt, Tel. (03 61) 2 24 52 52

Hild Samen GmbH, Kirchenweinbergstr. 115, 71672 Marbach am Neckar, Tel. (0 71 44) 84 73 11, Fax (0 71 44) 84 73 99

Jelitto Staudensamen GmbH, Postfach 12 64, 29685 Schwarmstedt, Tel. (0 50 71) 40 85, Fax (0 50 71) 40 88 (Veilchen, keine Stiefmütterchen, Mindestauftragswert 80 Mark, geringere Mengen mit Kleinsendungszuschlag von 10 bis 50 Mark)

Bruno Nebelung GmbH & Co., Kiepenkerl Pflanzenzüchtung, Freckenhorster Straße 32, 48348 Everswinkel, Tel. (0 25 82) 67 00, Fax (0 25 82) 67 02 70

Saatzucht Quedlinburg, Erwin Baur Str. 23, 06484 Quedlinburg, Tel. (0 39 46) 7 80 90 (Mindestauftragswert 50 Mark)

Thompson & Morgan, in Deutschland über: Thysanotus Samenversand, Uwe Siebers, Bockhorster Dorfstr. 39a, 28876 Oyten, Tel. (0 42 07) 57 08, Fax (0 42 07) 57 22

In England

J. W. Boyce, Bush Pasture, Lower Carter Street, GB-Fordham, Ely, Cambridgeshire, CB7 5JU (Katalog bestellen)

Sutton Seeds, Hele Road, GB-Torquay, Devon TQ2 7QJ, Tel. (00 44) 18 03 61 44 55

In den Niederlanden

Samen-Jansen, Postfach 12, NL-7090 AA Dinxperlo, Tel. (00 31) 3 15 65 12 35, (u. a. Saat von Kees Sahin)

LITERATUR

Barfuß, J(osef): Die Kultur der Veilchen. Leipzig, Leipziger Landwirtschaftliche Gartenbau- und Weinbau-Bibliothek, o.J. (1901)

Berglund, Björn: Ögat i blomman. Tankar om penséer. Stockholm, 1991

Combs, Roy E.: Violets. The History and Cultivation of Scented Violets. London, Croom Helm Ltd., 1981

Cook, E.T. (Hrsg.): Sweet Violets and Pansies. And Violets from Mountain and Plain. The Country Life Library. Written by Several Authorities. London, Country Life/Georges Newnes, 1903

Coon, Nelson (mit Georgianne Giffen): The Complete

Book of Violets. South Brunswick/New York/London, A.S. Barnes and Co./ Thomas Yoseloff, 1977

Dietert, Friedrich: Unser Gartenstiefmütterchen. Leipzig, 1952

L'Empire de Flore. Histoire et Représentation des Fleurs en Europe du XVIe au XIXe Siècle. Sous la Direction de Sabine van Sprang. Brüssel, 1996

Farrar, Elizabeth: Pansies, Violas and Sweet Violets. Berkshire, Hurst Village Publishing, 1989

Fischer-Benzon, R. v.: Altdeutsche Gartenflora. Untersuchungen über die Nutzpflanzen des deutschen Mittelalters, ihre Wanderung und ihre Vorgeschichte im klassischen Altertum. Kiel und Leipzig, 1894

Frain, Irène: La Guirlande de Julie. Paris, 1991

Hennebo, Dieter: Gärten des Mittelalters. München und Zürich, 1987

Kramer, Jack: Women of Flowers. A Tribute of Victorian Women Illustrators. New York, 1996

Levi d'Ancona, Mirella: The Garden of the Renaissance. Botanical Symbolism in Italian Painting. Florenz, 1977

Marzell, Heinrich: Bayerische Volksbotanik. Volkstümliche Anschauungen über Pflanzen im rechtsrheinischen Bayern. Nürnberg, 1925

Perfect, E. John: Armand Millet and his Violets. Park Farm Press, 1998

Perger, A. Ritter von: Deutsche Pflanzensagen. Stuttgart und Oehringen, 1864 (fotomechanischer Neudruck, Leipzig 1980)

Tergit, Gabriele: Kleine Geschichte der Blumen. Frankfurt, Ullstein Taschenbuch, 1981

Troost, I.: Ein Hausbuch für Jedermann. Kostenlose und gute Nahrungs- & Hausmittel aus Wald, Trift und Aue, nebst Anleitung zur Aufsuchung, Gewinnung und Zubereitung. Wiesbaden, 1883

Wachsmuth, Brigitte: Renaissance der Duft- und Parmaveilchen. In: Die Gartenpraxis 1/1998. Stuttgart, Eugen Ulmer Verlag

Wartenberg, Stephan: Zierpflanzenzüchtung im Dresdener Raum. In: Deutscher Gartenbau 1992

Autorinnen/Impressum/Bildnachweis

DANK

Für die geduldige Hilfe danke ich Kees Sahin, Dr. Matthias Erben, Brigitte Wachsmuth, Renate Lempart und den Mitarbeitern des Goethe-Instituts in Hamburg. Ohne sie wäre dieses kleine Buch nicht entstanden.

Marion Nickig, geb. 1955 in Essen, studierte Grafik-Design bei Willy Fleckhaus. Seit 1981 zahlreiche Veröffentlichungen zu Blumen- und Gartenthemen, auch im Ellert & Richter Verlag.

Elke von Radziewsky studierte Kunstgeschichte und Germanistik. Nach ihrer Promotion wurde sie Antiquarin. Seit 1988 ist sie Redakteurin bei „Architektur & Wohnen".

Die Deutsche Bibliothek – CIP-Einheitsaufnahme

Radziewsky, Elke von:
Stiefmütterchen und Veilchen/Marion Nickig/Elke von Radziewsky.
– Hamburg: Ellert und Richter, 1999
(Edition Ellert & Richter)
ISBN 3-89234-837-5

Titelfoto: Stiefmütterchen 'Rogglis Schweizer Riesen Brünig'

Bildnachweis:
Dr. Matthias Erben, München: S. 34, 35 o. u., 36, 39, 40 o. u., 41 o. u., 43 o. u.
Germanisches Nationalmuseum, Nürnberg: S. 26/27
Renate Lempart: S. 65, 69
Marion Nickig, Essen: Titelfoto; S. 37, 49, 51, 52, 53 o. u., 55, 56/57, 58/59, 60/61, 76/77, 79, 81, 85 o. u., 91, 93 o. u., 96, 97, 100, 101, 102, 103, 104/105, 106, 107, 110, 111, 114/115, 119, 121, 124/125, 131, 135, 137, 139
Photobusiness – Artothek, Peissenberg: S. 18
Zeichnungen: Thea und Uwe von Radziewsky
Text: Dr. Elke von Radziewsky, Hamburg
Gestaltung: nach Entwürfen von Hartmut Brückner, Bremen
Satz: KCS GmbH, Buchholz/Hamburg
Lithographie: Offset-Repro im Centrum, Hamburg
Druck: C. H. Wäser Offset GmbH, Bad Segeberg
Bindung: S. R. Büge, Celle